dad. Cuando sacamos afuera esos sentimientos y los dejamos marchar, entonces podemos avanzar.

• *Nuestra mente está siempre conectada con la Mente Única e Infinita.* Estamos conectados con esta Mente Infinita, este Poder Universal que nos ha creado, mediante esa chispa de luz que hay dentro de nosotros, nuestro Yo Superior o Poder Interior. La Mente que hay en nuestro interior es la misma Mente que dirige toda la vida. Nuestra misión es aprender las Leyes de la Vida y colaborar con ellas. El Poder Universal ama a todas sus creaciones, y sin embargo, también nos ha dado libre albedrío para que tomemos nuestras propias decisiones. Es un Poder para el bien, y lo dirige todo en nuestra vida cuando se lo permitimos. No es un poder vengador ni castigador. Es la ley de causa y efecto. Es amor puro, libertad, comprensión y compasión. Nos espera en sonriente reposo mientras aprendemos a comunicarnos con Él. Es importante volver nuestra vida hacia el Yo Superior, porque a través de Él recibimos nuestro bien.

• *Ámate.*
Que tu amor por ti sea incondicional y generoso. Elógiate tanto como puedas. Cuando comprendas que se te ama, entonces ese amor inundará todos los aspectos de tu vida, y volverá a ti multiplicado una y otra vez. Por lo tanto, el amor por ti contribuirá a sanar el planeta. El rencor, el miedo, la crítica y la culpa son causa de más problemas que cualquier otra cosa, pero *podemos* cambiar nuestra manera de pensar, perdonarnos a no-

sotros mismos y perdonar a los demás, y aprender a amarnos a nosotros mismos, haciendo de esos sentimientos destructivos cosas del pasado.

- *Cada uno de nosotros decide encarnarse en este planeta en un determinado punto del tiempo y el espacio para aprender lecciones que nos harán progresar en nuestro camino espiritual y evolutivo.* Creo que todos nos hallamos en un viaje interminable por la eternidad. Elegimos nuestro sexo, el color de nuestra piel, nuestro país, y luego buscamos la pareja perfecta de padres que «reflejarán» nuestras pautas. Todos los acontecimientos que tienen lugar en nuestra vida y todas las personas con que nos encontramos nos enseñan valiosas lecciones.

Ama tu vida y ámate a ti... ¡Yo lo hago!

Louise L. Hay

California, 1995

¡VIVIR!

Louise L. Hay

¡VIVIR!

Reflexiones sobre nuestro viaje
por la vida

EDICIONES URANO

Argentina - Chile - Colombia - España
México - Venezuela

Título original: *Life! Reflections On Your Journey*
Editor original: Hay House, Inc.
Traducción: Amelia Brito A.

© 1995 *by* Louise L. Hay
© 1995 *by* EDICIONES URANO, S.A.
   Enric Granados, 113, pral. 1.ª – 08008 Barcelona

ISBN: 84-7953-111-8
Depósito legal: B. 11.081 - 1997

Fotocomposición: Autoedició FD, S.L. - Muntaner, 217 - 08036 Barcelona
Impreso por Romanyà Valls, S.A. - Verdaguer, 1 - 08786 Capellades

Printed in Spain

Dedico con cariño este libro a mis lectores y oyen-
tes, que me han acompañado durante tantos años,
y a todos vosotros que aún no me conocéis. Que
este libro contribuya al enriquecimiento de vuestra
vida. Espero que me acompañéis y aprendáis a
hacer del resto de vuestro tiempo en este hermoso
planeta Tierra los mejores y más gratificantes
años de vuestra vida.

¡Tú puedes contribuir a sanar nuestra sociedad!

Índice

Prólogo

Decidí escribir este libro, a modo de continuación de *Usted puede sanar su vida* y *El poder está dentro de ti*, debido a que muchas personas continúan haciéndome preguntas, por carta y en mis conferencias, sobre temas básicos respecto al sentido de la existencia, y sobre cómo convertirnos en las mejores personas que podemos ser a pesar de nuestras experiencias pasadas y de lo que pueden o no «habernos hecho», y también a la luz de nuestras expectativas acerca de cómo va a ser el resto de nuestra vida. Son personas que trabajan con conceptos metafísicos y que están transformando su vida al cambiar sus pensamientos. Están dejando marchar viejos comportamientos y creencias, y también aprenden a amarse más a sí mismas.

Dado que el título del libro es *¡Vivir!*, lo he dispuesto de una forma cronológica informal para destacar parte de la progresión por la que pasamos en la vida, es decir, comienzo con algunos de los problemas con que nos enfrentamos de pequeños y jóvenes (relaciones, trabajo, etc.) y prosigo con las preocupaciones e intereses que tenemos cuando nos hacemos mayores.

Ahora bien, en caso de que no te resulten familiares mi filosofía ni las palabras que suelo emplear cuando explico estos conceptos, permíteme que te dé cierta información.

En primer lugar, suelo usar palabras y expresiones como *Universo, Inteligencia Infinita, Poder Superior, Mente Infinita, Espíritu, Dios, Poder Universal, Sabiduría Interior*, etc., para referirme a ese Poder que ha creado el Universo y que también reside dentro de cada uno de nosotros. Si te molesta el uso de cualquiera de estas palabras o expresiones, simplemente sustitúyela en tu mente por alguna otra que sí te vaya bien. Al fin y al cabo, no es la palabra en sí lo que importa, sino el significado que hay detrás.

También vas a advertir que escribo ciertas palabras de modo diferente a como lo hacen otras personas. Por ejemplo, a la enfermedad muchas veces la llamo mal-estar, porque es lo que en el fondo significa y para indicar que algo no está en armonía con nosotros o nuestro entorno. Del mismo modo, siempre escribo la palabra sida en minúsculas. Creo que eso disminuye su poder.

En cuanto a mi filosofía general, pienso que es importante que repase algunos de los conceptos según los cuales vivo, aunque tal vez me hayas oído hablar de ellos antes, o quizá mi trabajo sea una novedad para ti.

Es muy simple: creo que lo que damos lo recibimos de vuelta; todos contribuimos a crear los acontecimientos que tienen lugar en nuestra vida, tanto los buenos como aquellos que llamamos malos, y somos responsables de ellos. Nosotros creamos nuestras experiencias con las palabras que decimos y los pensamientos que tenemos. Cuando nos creamos paz y armonía mental y tenemos pensamientos positivos, nos atraemos experiencias positivas y a personas que piensan lo mismo que nosotros. A la inversa, cuando nos quedamos «atascados» en una mentalidad de víctima, acusadora, nuestra vida se vuelve frustrante e improductiva, y también nos atraemos a personas que piensan de esa misma manera. En esencia, lo que quiero decir es que lo que creemos de nosotros mismos y de la vida se convierte en realidad.

Otros puntos básicos de mi filosofía se pueden resumir de la siguiente manera:

* *Sólo es un pensamiento, y los pensamientos se pueden cambiar.* Creo que todo lo que ocurre en nuestra vida comienza con un pensamiento. Sea cual sea el problema, nuestras experiencias sólo son efectos exteriores de nuestros pensamientos más íntimos. Incluso odiarse a uno mismo es solamente odiar un pensamiento que se tiene de uno mismo. Por ejemplo, si tienes un pensamiento que dice «Soy una mala persona», esto te producirá un sentimiento de odio hacia ti, y te lo creerás. Si no tuvieras el pensamiento, no tendrías el sentimiento. Los pensamientos se pueden cambiar. Elige conscientemente un nuevo pensamiento, por ejemplo: «Soy una persona maravillosa». Cambia el pensamiento y cambiará también el sentimiento. Todos los pensamientos que tenemos crean nuestro futuro.

• *El poder está siempre en el momento presente.* Este momento es lo único que tenemos. Lo que elegimos pensar, creer y decir ahora forma las experiencias de mañana, la próxima semana, el mes que viene, el próximo año, etc. Cuando nos centramos en nuestros pensamientos y creencias de ahora mismo, en el momento presente, eligiéndolos con todo el cuidado con que elegiríamos un regalo para un amigo especial, entonces tenemos el poder de escoger el curso que damos a nuestra vida. Si estamos centrados en el pasado, carecemos de la energía necesaria para el momento presente. Si vivimos en el futuro, vivimos en una fantasía. El único momento real es ahora mismo. En este momento es donde comienza nuestro proceso de cambio.

• *Hemos de dejar marchar el pasado y perdonar a todo el mundo.* Somos nosotros los que sufrimos cuando nos aferramos a agravios pasados. Hacemos que situaciones y personas del pasado tengan poder sobre nosotros, y esas mismas situaciones y personas nos mantienen mentalmente esclavizados. Continúan controlándonos cuando nos quedamos atascados al no querer perdonar. Por eso es tan importante trabajar en el perdón. Perdonar, liberar a aquellos que nos hicieron daño, es liberarnos de nuestra identidad de persona herida. Nos permite liberarnos del ciclo interminable de dolor, rabia y recriminaciones que nos mantiene prisioneros de nuestro propio sufrimiento. No perdonamos el acto, sino a los que lo cometieron; perdonamos su sufrimiento, confusión, falta de habilidad, desesperación y humani-

Introducción

Durante los cinco últimos años más o menos, he reducido mis conferencias y viajes y me he convertido en una especie de agricultora. Paso la mayor parte de mi tiempo en mi hermoso huerto y jardín lleno de plantas, flores, frutos, verduras y árboles de todo tipo, y disfruto muchísimo poniéndome a gatas para cultivar la tierra. Bendigo esa tierra con amor y ella produce para mí en abundancia.

Soy agricultora orgánica, de modo que ni una sola hoja sale jamás de mi propiedad. Todo va a parar a un montón para convertirse en abono, y poco a poco voy alimentando mi tierra para que sea nutritiva y fértil. También como tantos productos de mi huerto como puedo, y disfruto de fruta y verdura fresca durante todo el año.

Hablo aquí de mis actividades de horticultura a modo de introducción a algunas de las cosas que voy a presentar en este libro. Verás, tus pensamientos son como las semillas que plantas en tu jardín. Tus creencias son como la tierra en la que siembras esas semillas. La tierra fértil y nutritiva produce plantas fuertes y sanas. Pero hasta a las semillas buenas les cuesta crecer en tierra empobrecida, llena de malas hierbas y piedras.

Los jardineros saben que para trazar un nuevo jardín o rehacer uno viejo, lo más importante es preparar la tierra de cultivo. Primero es necesario eliminar las piedras, las malas hierbas y las plantas viejas y estropeadas. Después, si es un jardinero responsable cavará la tierra hasta una profundidad equivalente a dos palas, retirando más piedras y raíces viejas. A continuación añadirá tanta materia orgánica como sea posible. Soy partidaria del abono orgánico, estiércol de caballo y harina de pescado. Sobre la tierra suelta y limpia se ponen entre siete y diez centímetros de estos abonos y después se remueve la tierra con la pala y se mezcla bien. Es un trabajo que vale la pena hacer para plantar. Cualquier cosa que se plante en esa tierra brotará y se convertirá en una planta fuerte y sana.

Lo mismo ocurre con la tierra de nuestra mente, nuestras creencias básicas. Si queremos que nuestras nuevas y positivas afirmaciones, es decir, los pensamientos que tenemos y las palabras que decimos, se conviertan en realidad tan pronto como sea posible, entonces haremos el esfuerzo extra de preparar nuestra mente para que esté receptiva a estas nuevas ideas. Podemos hacer listas de todas las cosas que creemos (por ejemplo, «Qué creo del trabajo, la prosperidad, las relaciones, la salud», etc.), y luego examinar esas creencias para detectar lo que hay en ellas de negativo. Puedes preguntarte: «¿Deseo continuar basando mi vida en estos conceptos limitadores?». Entonces cava más hondo para eliminar las viejas ideas que jamás van a apoyar tu nueva vida.

Cuando hayas eliminado tantas creencias negativas como puedas, añade una gran dosis de amor y trabajo en esa tierra de cultivo de tu mente. Así, al plantar nuevas afirmaciones en ella, van a brotar y crecer con sorprendente rapidez. Y tu vida mejorará con tanta velocidad que te maravillará lo que suceda. Verás, siempre vale la pena hacer ese esfuerzo extra para preparar la tierra, ya sea de tu jardín o de tu mente.

Cada capítulo de este libro acaba con algunas afirmaciones positivas que tienen que ver con las ideas que hemos examinado. Elige algunas de las que tengan sentido para ti y repítelas con frecuencia. El tratamiento que aparece al final de cada capítulo es un caudal de ideas positivas que te servirán para transformar tu conciencia en un sistema de creencias que apoye y afirme la vida. Observa que todos los tratamientos y afirmaciones están en primera persona y en tiempo presente. Nunca utilizamos el futuro, ni el «si» condicional ni el «cuando» que indica una posibilidad futura, porque esas son afirmaciones que producen retraso. Siempre que hacemos un tratamiento o una afirmación, decimos «Tengo», «Soy», «Yo siempre» o «Acepto». Estas son afirmaciones de aceptación inmediata, y el Universo se encargará de ellas ¡ahora mismo!

Por favor, ten presente que algunas de las ideas que vas a leer en los capítulos siguientes tendrán más sentido para ti que otras. Tal vez te convenga leer todo el libro una vez y después volver hacia atrás y trabajar con los conceptos que tengan sentido para ti o que sean aplicables a tu vida actual. Repite las afirmaciones, lee los tratamientos, haz que esas ideas formen parte de ti. Después puedes leer los capítulos que te afectan particularmente o los que te parece que no puedes aplicar a tu vida.

Cuando estés más fuerte en un aspecto, verás cómo te resultan más fáciles los demás. Y de pronto sabrás, comprenderás, que a partir de una pequeña semilla estás creciendo hasta transformarte en un elevado y hermoso árbol que tiene sus raíces firmemente arraigadas en el suelo. En otras palabras, estás creciendo en eso tan complejo, magnífico, misterioso e incomparable que llamamos

¡VIVIR!

Uno

Infancia: Configuración para el futuro

Recuerdo con amor al niño o la niña que fui, sabiendo que hice lo mejor que pude con el conocimiento que tenía en ese momento.

Mis comienzos

A menudo, las personas que asisten a mis conferencias me miran y piensan: «Ella lo tiene todo controlado, jamás ha tenido un problema en su vida y conoce todas las respuestas». Eso está muy lejos de ser verdad. Personalmente no sé de ningún buen maestro que no haya experimentado muchas noches oscuras del alma. Muchos han tenido una infancia increíblemente difícil. Y han aprendido a ayudar a los demás a sanar su vida mediante la curación de su propio sufrimiento.

En mi caso, sé que mi vida fue absolutamente maravillosa hasta los 18 meses de edad. Después todo se me derrumbó, en particular desde mi punto de vista.

De pronto mis padres se divorciaron. Mi madre no tenía estudios y empezó a trabajar de empleada doméstica. A mí me colocaron al cuidado de una serie de familias. Todo mi mundo se desmoronó. No tenía a nadie con quien contar, a nadie que me abrazara y me quisiera. Finalmente mi madre consiguió un trabajo donde le permitieron que me llevara a vivir con ella. Pero el daño ya estaba hecho.

Cuando yo tenía cinco años, mi madre se volvió a casar. Años después me diría que lo había hecho para que yo tuviera un hogar. Desgraciadamente se casó con un hombre violento y la vida se convirtió en un infierno para las dos. En el transcurso de ese mismo año me violó un vecino. Cuando se descubrió, me dijeron que yo había tenido la culpa y que había avergonzado a toda la familia. El caso fue a los tribunales, y aún recuerdo el trauma que representó

23

para mí el examen médico y que se me obligara a declarar en el juicio. Al violador lo condenaron a 16 años de cárcel. Yo vivía aterrada por la posibilidad de que lo pusieran en libertad; creía que él vendría a vengarse de mí por haber sido una niña mala que lo metió en la cárcel.

Además, crecí en los años de la Depresión, y prácticamente no teníamos dinero. Había una vecina que solía darme diez centavos a la semana, y ese dinero iba a parar al presupuesto familiar. En aquel tiempo se podía comprar una barra de pan o un paquete de harina de avena por diez centavos. En mi cumpleaños y por Navidad esta vecina me daba la enorme suma de un dólar, y mi madre iba a los almacenes Woolworth y me compraba ropa interior y calcetines para todo el año. Mi ropa provenía de una asociación caritativa, la Buena Voluntad. Tenía que ir a la escuela con ropa que no era de mi talla.

Mi infancia transcurrió entre malos tratos físicos, trabajo arduo, pobreza y burlas en la escuela. Todos los días me hacían comer ajo crudo para evitar los parásitos intestinales. No tuve parásitos, pero tampoco tuve amigas. Yo era la chica que olía y vestía mal.

Ahora comprendo que mi madre no podía protegerme porque tampoco sabía protegerse a sí misma. También había sido educada para creer que las mujeres tenían que aceptar todo lo que hicieran los hombres, fuera lo que fuese. Me llevó mucho tiempo comprender que esa manera de pensar no tenía por qué ser la verdad para mí.

De niña escuché repetidamente que yo era estúpida y fea, y que no valía nada; era una mocosa muy mala, la hija de otro hombre a la que había que alimentar. ¿Cómo podía sentirme a gusto conmigo misma si me bombardeaban constantemente con afirmaciones negativas? En la escuela solía quedarme en un rincón viendo cómo jugaban los demás niños. No me sentía querida ni necesitada en casa, ni tampoco en la escuela.

Cuando me convertí en adolescente, mi padrastro dejó de pegarme tanto, y en lugar de ello decidió meterse en mi cama. Así se inició un nuevo ciclo de horror que duró hasta que me fui de casa a los 15 años. A esa edad estaba tan hambrienta de amor y mi autoestima era tan baja, que bastaba con que un chico me rodeara con su brazo para que me fuera a la cama con él. No me valoraba en absoluto, de modo que, ¿cómo podía tener sentido moral?

Cuando acababa de cumplir los 16 años, tuve un bebé, una niña. Sólo estuve con ella cinco días, porque la entregué a sus nuevos padres. Al pensar en esa experiencia ahora, comprendo que esa pequeña necesitaba encontrar su camino hacia esos determinados padres y que yo fui su vehículo para llegar a ellos. Con mi falta de autoestima y mis creencias negativas, necesitaba la experiencia de la vergüenza. Todo encajaba.

Lo que aprendemos de niños influye en la clase de persona en que nos convertimos

Actualmente hablamos mucho del embarazo en las adolescentes y de lo terrible que es. Pero algo que al parecer se pasa por alto es que ninguna chica que tenga autoestima y se valore a sí misma se quedará embarazada. Si te han educado para creer que eres una basura, entonces las enfermedades de transmisión sexual y el embarazo serán las consecuencias lógicas.

Los niños son los seres más valiosos, y es deplorable la manera como se trata a muchos de ellos. En estos momentos el mayor número de personas sin hogar en este país son madres con hijos, y sigue creciendo. Es vergonzoso que esas madres duerman en la calle y anden vagando con sus pertenencias en carros de compra. Sus hijos prácticamente crecen en la calle. Los niños son nuestros futuros líderes. ¿Qué tipo de valores van a tener esos niños sin hogar? ¿Cómo van a respetar a los demás cuando cuidamos tan poco de ellos?

Desde que tenemos edad suficiente para sentarnos ante el televisor, nos bombardean con anuncios de productos que generalmente son perjudiciales para la salud y el bienestar. Por ejemplo, he mirado durante media hora la televisión mientras daban programas para niños, y he visto anuncios de bebidas azucaradas, cereales azucarados, pastelillos, galletas y muchísimos juguetes. El azúcar intensifica las emociones negativas, y a eso se debe que los niños chillen y griten. Estos anuncios pueden ser beneficiosos para los fabricantes, pero no lo son para los niños, y además aumentan nuestra sensación de insatisfacción y avidez. Crecemos pensando que la gula es algo normal y natural.

Los padres suelen hablar de los «terribles dos años» y de lo difícil que es ese periodo. Lo que muchas personas no comprenden es que en esa época el niño comienza a expresar en palabras las emociones reprimidas de sus padres.

El azúcar amplifica esos sentimientos reprimidos. El comportamiento de los niños pequeños siempre refleja las emociones y sentimientos de los adultos que los rodean. Lo mismo ocurre con los adolescentes y su rebelión. Las emociones reprimidas de los padres se convierten en una carga para sus hijos, quienes expresan exteriormente esos sentimientos mediante la rebelión. Lo que ven los padres son sus propios sentimientos y emociones manifestados por sus hijos.

Permitimos a nuestros hijos pasarse cientos de horas viendo violencia y crímenes en la televisión. Y después nos preguntamos por qué hay tanta violencia y tantos delitos en las escuelas y entre los jóvenes. Culpamos a los delincuentes y no nos responsabilizamos de la parte que nos toca, por haber contribuido a provocar esta situación. No es raro que haya armas en las escuelas; todo el tiempo estamos viendo armas en la televisión. Los chicos desean lo que ven. La televisión nos enseña a desear cosas.

Gran parte de lo que vemos en la televisión tampoco nos enseña a respetar a las mujeres ni a nuestros mayores. La televisión nos enseña muy pocas cosas positivas. Y eso es una lástima y una vergüenza, porque la televisión tiene la oportunidad de contribuir al ennoblecimiento de la Humanidad, pero en lugar de ello, nos ha ayudado a configurar la sociedad en que vivimos, una sociedad a menudo enferma y disfuncional.

Centrarse en la negatividad sólo genera más negatividad. Por eso hay tanta en nuestro mundo actualmente. Todos los medios de comunicación (televisión, radio, prensa, cine, revistas y libros) contribuyen a este enfoque, sobre todo cuando retratan y describen la violencia, los crímenes y los malos tratos. Si los medios de comunicación se centraran solamente en cosas positivas, al cabo de un tiempo la delincuencia disminuiría espectacularmente. Si sólo tenemos pensamientos positivos, poco a poco nuestro mundo se volverá positivo.

Podemos contribuir

Hay maneras mediante las cuales podemos contribuir a sanar nuestra sociedad. Yo creo que es esencial que dejemos inmediatamente de maltratar a los niños. Los niños que sufren malos tratos tienen una autoestima tan baja que muchas veces de mayores se convierten en agresores y delincuentes. Nuestras cárceles están llenas de personas que sufrieron malos tratos en su infancia. Y después, con hipocresía continuamos castigándolos y maltratándolos de adultos.

No podemos construir suficientes cárceles, promulgar suficientes leyes ni tomar suficientes medidas contra la delincuencia cuando centramos exclusivamente nuestra atención en el delito y el delincuente. Creo que nuestro sistema penitenciario necesita una revisión total. Los malos tratos jamás rehabilitan a nadie. Todas las personas que están en la cárcel necesitan terapia de grupo, tanto los guardianes como los presos. También les iría bien una terapia a los directores de las cárceles. Cuando todas las personas del sistema penitenciario empiecen a tener autoestima, la sociedad habrá dado un gran paso en el camino hacia la salud.

Sí, estoy de acuerdo en que a algunos criminales ya no se los puede rehabilitar y deben continuar encerrados. Pero en la mayoría de los casos, los presos cumplen su periodo de condena y salen en libertad, de vuelta a la sociedad. En realidad, lo único que han aprendido en prisión es a ser mejores delincuentes. Si pudiéramos sanar el dolor y la angustia que sufrieron en su infancia, ya no necesitarían castigar a la sociedad.

Ningún niño nace agresor. Ninguna niña nace víctima. Son comportamientos que se aprenden. El peor de los criminales fue una vez un pequeño bebé. Es necesario que eliminemos las pautas de conducta que contribuyen a crear esa negatividad. Si pudiéramos enseñar a todos los niños que son seres humanos valiosos y merecen que se los ame, si alentáramos sus talentos y capacidades y les enseñáramos a pensar de una manera que les creara experiencias positivas, entonces en una generación podríamos transformar la sociedad. Esos niños serían la siguiente generación de padres y nuestros nuevos dirigentes. En dos generaciones estaríamos viviendo en un mundo en el que habría respeto, cuidado y cariño entre todas las personas. La drogadicción y el alcoholismo serían cosas del pasado. No habría necesidad de cerrar las puertas con llave. La dicha sería una parte natural de la vida para todo el mundo.

Estos cambios positivos comienzan en la conciencia. Tú puedes contribuir a crearlos teniendo estos conceptos en la mente. Considéralos posibles. Medita cada día en la transformación de la sociedad, en su vuelta a la grandeza que es nuestro destino aquí en la Tierra. Podrías hacer regularmente las siguientes afirmaciones:

Vivo en una sociedad pacífica.
Todos los niños están a salvo y son felices.
Todo el mundo está bien alimentado.
Todo el mundo tiene una casa donde vivir.
Hay un trabajo útil y con sentido para todo el mundo.
Todas las personas tienen autoestima y sienten que son valiosas.

Comprensión del niño o niña interior

La primera intención del alma al encarnarse es jugar. El niño sufre cuando está en un ambiente donde no se le permite jugar. Muchos niños se criaron teniendo que pedírselo todo a sus padres: no podían tomar ninguna decisión por su cuenta. Otros fueron educados bajo el peso de la perfección: no se les permitía cometer errores. En otras palabras, no se les dejó aprender, de modo que ahora tienen miedo de tomar decisiones. Todas esas experiencias contribuyen a transformar al niño en un adulto perturbado.

Creo que nuestro actual sistema escolar no ayuda a los niños a ser individuos magníficos. Es demasiado competitivo y sin embargo también espera una actitud conformista en los niños. Además, creo que el sistema de exámenes contribuye a que los niños crezcan con la sensación de no valer lo suficiente. La infancia no es fácil. Hay demasiadas cosas que sofocan el espíritu creativo y aumentan la sensación de falta de valía personal.

Si tuviste una infancia muy difícil, entonces es posible que ahora todavía rechaces a tu niño o niña interior. Es posible que ni siquiera sepas que dentro de ti habita ese niño desgraciado que fuiste una vez, y al que todavía castigas. Ese niño necesita sanar, necesita el amor que le negaron, y tú eres la única persona que puede dárselo.

Un buen ejercicio para todos nosotros es hablar con nuestro niño interior con regularidad. A mí me gusta llevar a mi niña interior conmigo a todas partes una vez por semana. Cuando despierto le digo: «Hola, Lulubelle. Hoy es nuestro día. Acompáñame, nos vamos a divertir muchísimo». Después, todo lo que hago ese día lo hago con Lulubelle. Le hablo, en voz alta o en silencio, y le explico todo lo que estamos haciendo. Le digo lo hermosa e inteligente que es, y cuánto la amo. Le digo todo lo que yo deseaba oír cuando era pequeña. Al terminar el día me siento fabulosamente bien, y sé que mi niña interior es feliz.

Podrías buscar una foto tuya cuando eras pequeño/a. Ponla en un lugar destacado, y tal vez desees colocar unas flores cerca. Siempre que pases por delante de la foto dile: «Te quiero; estoy aquí para cuidar de ti». Tú puedes sanar a tu niño interior. Cuando ese niño es feliz, también lo eres tú.

También puedes escribir con tu niño o niña interior. Toma una hoja de papel y dos bolígrafos de diferente color. Con la mano dominante, la que usas siempre, escribe una pregunta. Entonces, con el otro bolígrafo y la mano no dominante, que tu niño o niña interior escriba la respuesta. Esta es una extraordinaria manera de conectar con nuestro niño interior. Vas a obtener respuestas que te sorprenderán.

Un libro de John Pollard III, titulado *Self-Parenting* [Sé tus propios padres], ofrece muchísimos ejercicios para establecer contacto con nuestro niño interior y hablar con él. Cuando estés a punto para sanar, encontrarás la manera.

Cada mensaje negativo que recibiste en tu niñez puede convertirse en una afirmación positiva. Que tu diálogo interno sea una corriente continua de afirmaciones positivas para desarrollar tu autoestima. Así plantarás las nuevas semillas que, si las riegas bien, brotarán y crecerán.

Afirmaciones para desarrollar la autoestima

Soy un ser amado y deseado.

Mis padres me adoran.

Mis padres se enorgullecen de mí.

Mis padres me animan y alientan.

Me amo.

Soy inteligente.

Soy una persona creativa y tengo talento.

Mi salud siempre es buena.

Tengo muchísimos amigos.

Merezco que me amen.

Gusto a los demás.

Sé hacer dinero.

Me merezco ahorrar dinero.

Soy una persona buena y cariñosa.

Soy una persona fabulosa.

Sé cuidar de mí.

Me gusta mi aspecto.

Me siento feliz con mi cuerpo.

Soy una persona valiosa.

Me merezco lo mejor.

Perdono a todos los que me han hecho daño.

¡VIVIR!

Me perdono.
Me acepto tal como soy.
Todo está bien en mi mundo.

* * *

Soy un ser perfecto exactamente tal como soy

No soy demasiado ni demasiado poco. No tengo necesidad de demostrar quien soy a nadie ni a nada. Sé que soy la expresión perfecta de la Unidad de la Vida. En la Infinitud de la Vida, he tenido muchas identidades, cada una de ellas una expresión perfecta para esa determinada vida. Me siento feliz de ser quien soy y lo que soy esta vez. Soy un ser perfecto tal como soy, aquí y ahora. Soy suficiente. Formo una unidad con toda la Vida. No hay necesidad de esforzarse por ser mejor. Hoy me amo más que ayer y me trato como a una persona profundamente amada. Me mimo y me cuido. Resplandezco de alegría y belleza. El amor es el sustento que me lleva hacia la grandeza. Cuanto más me amo, más amo a los demás. Juntos nutrimos amorosamente un mundo cada vez más hermoso. Con alegría reconozco mi perfección y la perfección de la Vida. ¡Y así es!

* * *

Dos

Mujeres sabias

Afirmo mi poder femenino. Si en estos momentos no tengo en mi vida a mi hombre ideal, yo puedo ser mi mujer ideal.

(Este capítulo está dirigido principalmente a las mujeres. Pero los hombres, por favor, recordad que cuanto más se responsabilicen de sí mismas las mujeres, mejor será la vida para vosotros. Las ideas que funcionan para las mujeres también valen para los hombres. Simplemente substituid los pronombres, como lo hacemos las mujeres desde hace tantos años.)

Tenemos mucho que hacer y mucho que aprender

La vida viene en oleadas, con experiencias de aprendizaje y periodos de evolución. Durante muchísimo tiempo las mujeres hemos estado absolutamente sometidas a los caprichos y sistemas de creencias de los hombres. Se nos decía qué podíamos hacer, cuándo y cómo hacerlo. Cuando era niña recuerdo que me enseñaron a caminar dos pasos por detrás de un hombre, a mirarlo como si fuera un ser superior y preguntarle: ¿Qué debo pensar y qué debo hacer? No me lo dijeron con esas palabras, pero yo observaba a mi madre y eso era lo que ella hacía, de modo que eso fue lo que aprendí. Sus experiencias le enseñaron a obedecer por completo a los hombres; por ello aceptó los malos tratos como algo normal, y lo mismo hice yo. Este es un ejemplo perfecto de «cómo aprendemos nuestras pautas de comportamiento».

Me llevó mucho tiempo darme cuenta de que ese comportamiento no era normal ni lo que yo, como mujer, merecía. A medida que fui cambiando lentamente mi sistema de creencias, mi conciencia, comencé a desarrollar mi autoestima y un sentido de valía personal. Al mismo tiempo, cambió mi mundo, y ya no seguí atrayendo a hombres dominantes y violentos. La autoestima y el sentido de valía personal interiores son las cosas más importantes que pueden poseer las mujeres. Y si no tenemos esas cualidades, entonces necesitamos desarrollarlas. Cuando el sentido de valía personal es fuerte, no aceptamos una posición de inferioridad ni malos tratos. Sólo aceptamos eso porque creemos que «no servimos para nada» o que no valemos lo suficiente.

Sea cual sea nuestro pasado, por mucho que nos hayan maltratado o que hayan abusado de nosotras cuando éramos niñas, podemos aprender a amarnos y cuidarnos. Como mujeres y madres, podemos enseñarnos a nosotras mismas a desarrollar este sentido de valía personal, y entonces automáticamente la transmitiremos a nuestros hijos. Nuestras hijas no se dejarán maltratar y nuestros hijos respetarán a todo el mundo, incluyendo a todas las mujeres que formen parte de su vida. Ningún niño nace siendo un agresor, y ninguna niña nace siendo una víctima ni careciendo de autoestima. Abusar de los demás y carecer de autoestima son comportamientos «aprendidos». A los niños se les enseña la violencia y a las niñas a aceptar el papel de víctimas. Si queremos que los adultos de nuestra sociedad se traten mutuamente con respeto, entonces hemos de educar a los niños de nuestra sociedad para que sean amables y se respeten a sí mismos. Sólo de esta manera habrá un mutuo respeto entre ambos sexos.

Responsabilicémonos de nuestros actos

Valorar a las mujeres no significa rebajar a los hombres. Castigar a los hombres es tan malo como hostigar a las mujeres. Castigarse a una misma también es una pérdida de tiempo. No nos conviene caer en eso. Ese comportamiento nos mantiene atascadas y me parece que ya llevamos demasiado tiempo así. Culparnos a nosotras mismas o culpar a los hombres de todos los males de la vida no nos ayuda a sanar la situación; sólo nos mantiene impotentes. Culpar es siempre un acto de impotencia. Lo mejor que podemos hacer por los hombres de nuestro mundo es dejar de ser víctimas y responsabilizarnos de nuestros actos. Todo el mundo respeta a una persona que se valora a sí misma. Necesitamos partir del espacio de amor de nuestro corazón, y considerar a cada persona en este planeta como alguien que necesita amor. Cuando las mujeres nos responsabilicemos de nuestra vida y cuidemos de nosotras mismas vamos a mover montañas. Y el mundo será un lugar mejor para vivir.

Como ya he dicho, este capítulo está dedicado principalmente a las mujeres, pero los hombres pueden sacar mucho provecho de él, ya que las herramientas que nos sirven a las mujeres, también sirven a los hombres. Las mujeres necesitamos saber, ahora mismo, que no somos ciudadanos de segunda categoría. Ese es un mito perpetuado por ciertos sectores de la sociedad, y es una tontería. Ninguna alma es inferior; las almas ni siquiera tienen sexualidad. Sé que cuando surgieron los primeros movimientos feministas, las mujeres estaban tan enfurecidas por la injusticia con que se las trataba que culpaban a los hombres de todo. Sin embargo, eso estuvo bien en ese momento, porque esas mujeres necesitaban echar fuera sus frustraciones durante un tiempo; era una especie de terapia. Vamos al terapeuta a elaborar los malos tratos recibidos en la infancia, y es necesario que expresemos todos nuestros sentimientos para poder sanar. Cuando un grupo lleva mucho tiempo reprimido, al experimentar por primera vez la libertad, se desmadra.

La Rusia de hoy me parece un ejemplo perfecto de este fenómeno. Imagínate vivir en esas circunstancias de extrema represión y terror durante tantos años. ¿Cuánta rabia reprimida se habrá acumulado en cada una de esas personas? Y, de pronto, el país se vuelve «libre», pero no se hace nada para sanar a la gente. El caos que hay actualmente en Rusia es normal y natural dadas las circunstancias. A estas personas nunca se les enseñó a quererse y cuidarse mutuamente ni a amarse a sí mismas. No tienen modelos de paz para imitar. A mí me parece que todo el país necesita una terapia profunda para que cicatricen las heridas.

Sin embargo, cuando se da tiempo a las personas para expresar esos sentimientos, el péndulo va oscilando hasta alcanzar un punto más equilibrado. Eso es lo que nos sucede a las mujeres ahora. Ha llegado el momento de dejar atrás la rabia y la acusación, el papel de víctimas y la impotencia. Ha llegado el momento de que las mujeres reconozcamos y afirmemos nuestro poder, nos hagamos cargo de nuestros pensamientos y empecemos a crear ese mundo de igualdad que decimos que queremos.

Cuando las mujeres aprendamos a cuidar de nosotras mismas de un modo positivo, a respetarnos y a sentirnos valiosas, la vida de todos los seres humanos, incluidos los hombres, dará un salto cuántico en la dirección correcta. Habrá respeto y amor entre ambos sexos, y los hombres y las mujeres nos respetaremos mutuamente. Todo el mundo habrá aprendido que hay abundancia para todos y que podemos bendecirnos y desearnos prosperidad los unos a los otros. Todos podemos ser felices y estar sanos.

Tenemos los recursos necesarios para cambiar

Durante mucho tiempo las mujeres hemos deseado tener más dominio sobre nuestra vida. Ahora tenemos la oportunidad de ser todo lo que podemos ser. Sí, todavía hay mucha desigualdad en las remuneraciones y derechos legales de hombres y mujeres. Todavía tenemos que conformarnos con lo que podemos obtener de los tribunales de justicia. Las leyes fueron escritas por y para los hombres. En Estados Unidos los tribunales hablan de lo que haría un «hombre sensato», incluso en los casos de violación.

Quiero animar a las mujeres a iniciar una campaña de base para que se reescriban las leyes y sean igualmente favorables tanto para los hombres como para las mujeres. Las mujeres tenemos un tremendo poder colectivo cuando respaldamos un tema. Ten presente que fuimos las mujeres quienes elegimos a Bill Clinton, sobre todo como reacción al trato recibido por Anita Hill.* Es necesario que se nos recuerde nuestro poder, nuestro poder colectivo. La energía combinada de mujeres unidas por una causa común es ciertamente poderosa. Hace 75 años las mujeres hacían campaña para conseguir el derecho al voto. Hoy podemos presentarnos de candidatas para desempeñar un cargo público.

* Con ocasión de la votación en el Senado de Estados Unidos del candidato para miembro del Tribunal Supremo, Clarence Thomas, Anita Hill denunció haber sido víctima de acoso sexual por su parte. Los senadores trataron muy duramente a Anita Hill, acusándola de haberse inventado una calumnia. (*N. del E.*)

Hemos recorrido un largo camino y no nos conviene perder eso de vista. Sin embargo, sólo estamos al comienzo de esta nueva fase de nuestra evolución. Tenemos mucho que hacer y mucho que aprender. Ahora disponemos de una nueva libertad, y necesitamos soluciones constructivas para todas las mujeres, incluidas las que viven solas.

¡Las oportunidades son ilimitadas!

Hace cien años una mujer soltera sólo podía ser sirvienta en la casa de otra persona, generalmente sin salario. No tenía posición social, ni voz ni voto en nada, y se veía obligada a aceptar la vida tal como se la ofrecían. Sí, en esa época ciertamente una mujer necesitaba a un hombre para tener una vida completa, a veces sólo para sobrevivir. Incluso hace 50 años, las opciones para una mujer soltera eran muy limitadas.

Actualmente en Occidente una mujer soltera tiene todo el mundo ante ella. Puede llegar tan alto como le permitan sus capacidades y su fe en sí misma. Puede viajar, elegir su trabajo, obtener buenos ingresos, tener muchos amigos y desarrollar una elevada autoestima. Incluso puede tener diversas parejas sexuales y relaciones amorosas si lo desea. Hoy en día una mujer puede decidir tener un hijo aunque no tenga marido y continuar siendo aceptable socialmente, como hacen muchas de nuestras famosas actrices, artistas y figuras públicas. Puede crearse su propio estilo de vida.

Es una lástima que muchas mujeres continúen gimiendo y llorando si no tienen a un hombre a su lado. No tenemos por qué sentirnos incompletas si no estamos casadas o no tenemos pareja. Cuando «buscamos» el amor, lo que estamos diciendo es que no lo tenemos. Pero todas tenemos amor en nuestro interior. Nadie puede darnos el amor que podemos darnos nosotras mismas. Una vez que nos damos amor a nosotras mismas, nadie nos lo puede quitar. Es necesario que dejemos de «buscar el amor en los lugares equivocados». La adicción a encontrar pareja no es sana, y desemboca en una relación adictiva o disfuncional. Si somos adictas a encontrar pareja, entonces esa adicción sólo refleja nuestra sensación de carencia. Es tan nociva como cualquier otra adicción. Es otra manera de decir: «¿Qué hay de malo en mí?».

La «adicción a encontrar pareja» encierra mucho miedo y el sentimiento de «no valer lo suficiente». Nos presionamos tanto para encontrar pareja que muchísimas mujeres aceptan relaciones abusivas. ¡No debemos hacernos eso a nosotras mismas!

No tenemos por qué crearnos dolor y sufrimiento en la vida, ni sentirnos solas e infelices. Todos esto son elecciones, y podemos tomar nuevas decisiones que nos apoyen y satisfagan. Sí, es cierto que se nos programó para aceptar opciones limitadas, pero eso fue en el pasado. Hemos de recordar que el poder está siempre en el momento presente, y que podemos empezar ahora mismo a crearnos nuevos horizontes. Considera como un regalo el tiempo que pasas sola.

Hay un proverbio chino que dice: «Las mujeres sostienen la mitad del cielo». Ya es hora de que hagamos que eso se convierta en realidad. No vamos a aprender a hacerlo lloriqueando, enfadándonos ni tomando el papel de víctimas, cediendo nuestro poder a los hombres y al sistema. Los hombres no nos convierten en víctimas; somos nosotras las que les cedemos nuestro poder. Los hombres de nuestra vida son reflejos de lo que creemos de nosotras mismas. Muchas veces esperamos que los demás nos hagan sentir amadas y conectadas, cuando lo único que pueden hacer es reflejar nuestra propia relación con nosotras mismas. Así pues, es realmente necesario mejorar esta importantísima relación para poder avanzar. Deseo concentrar la mayor parte de mi trabajo en ayudar a las mujeres a aceptar y utilizar su poder de las maneras más positivas.

Lo más importante es que nos amemos a nosotras mismas

Todas necesitamos tener muy claro que hemos de empezar por amarnos a nosotras mismas. Con mucha frecuencia buscamos al «hombre ideal» para que nos solucione todos los problemas, ya se trate del padre, el novio o el marido. Ha llegado el momento de ser la «mujer ideal» para nosotras mismas. ¿Cómo se hace eso? Comencemos por mirar nuestros defectos, no para ver lo que hay en nosotras de malo, sino para darnos cuenta de las barreras que hemos erigido y que nos impiden ser lo que podemos ser. Y sin castigarnos, eliminemos esas barreras y hagamos cambios. Sí, muchas de esas barreras son cosas que aprendimos en la infancia. Pero si una vez las aprendimos, ahora podemos desaprenderlas. Reconozcamos que estamos dispuestas a aprender a amarnos, y luego desarrollemos unas cuantas directrices:

Acaba con toda crítica. La crítica es un acto inútil; con ella jamás se consigue nada positivo. No te critiques; quítate ese peso ahora mismo. Tampoco critiques a los demás, ya que los defectos que solemos encontrar en los demás son meros reflejos de lo que no nos gusta en nosotros mismos. Pensar negativamente de otra persona es una de las mayores causas de limitación en nuestra vida. Sólo nosotros nos juzgamos; ni la Vida, ni Dios ni el Universo nos juzgan. Afirma: «Me amo y me apruebo».

No te metas miedo. Todas necesitamos acabar con eso. Demasiado a menudo nos aterrorizamos con nuestros pensamientos. Sólo podemos tener un pensamiento por vez. Aprendamos a pensar en forma de afirmaciones positivas. De este modo, nuestra forma de pensar mejorará nuestra vida. Si te sorprendes metiéndote miedo, afirma inmediatamente: «Dejo marchar mi necesidad de meterme miedo. Soy una expresión divina y magnífica de la Vida, y desde este momento vivo plenamente».

Comprométete en la relación que tienes contigo misma. Nos comprometemos mucho en otras relaciones, pero a nosotras mismas nos dejamos de lado. Sólo tenemos tiempo para nosotras de vez en cuando. Así pues, ocúpate realmente de la persona que eres. Comprométete a amarte. Cuida de tu corazón y de tu alma. Afirma: «La persona a quien prefiero soy yo».

Trátate como a un ser amado: Respétate y cuídate. Cuando te ames, estarás más abierta para recibir el amor de otras personas. La Ley del Amor exige que enfoques la atención en lo que «deseas», no en lo que «no deseas». Concéntrate en amarte. Afirma: «Me amo totalmente ahora mismo».

Cuida tu cuerpo. Tu cuerpo es un templo precioso. Si quieres tener una vida plena y satisfactoria, entonces necesitas cuidarte ahora. Es necesario que tengas buen aspecto y, por encima de todo, que te sientas bien. La nutrición y el ejercicio son importantes. Necesitas mantener tu cuerpo flexible y ágil hasta tu último día en esta maravillosa Tierra. Afirma: «Estoy sana, feliz y completa».

Edúcate. Muchas veces nos quejamos de que ignoramos esto o aquello y de que no sabemos qué hacer. Pero eres inteligente y lista, y puedes aprender. En todas partes hay libros, clases y cintas. Si tienes problemas de dinero, ve a la biblioteca. Sé que aprenderé hasta mi último día en este planeta. Afirma: «Siempre estoy aprendiendo y creciendo».

Constrúyete un buen futuro económico. Toda mujer tiene derecho a disponer de su propio dinero. Es importante que aceptemos esta creencia. Forma parte de nuestro sentido de valía personal. Siempre podemos comenzar con pocas cantidades. Lo que cuenta es continuar ahorrando. Es importante hacer afirmaciones con respecto a este tema, como por ejemplo: «Aumento constantemente mis ingresos. Prospero adondequiera que vaya».

Satisface tu lado creativo. La creatividad puede ser cualquier cosa que te satisfaga, desde preparar un pastel hasta diseñar un edificio. Tómate tiempo para expresarte. Si tienes hijos y dispones de poco tiempo, busca una amiga que te ayude a cuidar de tus hijos, y tú haz lo mismo por ella. Ambas os merecéis tener tiempo para vosotras. Lo valéis. Afirma: «Siempre encuentro tiempo para ser creativa».

Haz de la alegría y la felicidad el centro de tu vida. La alegría y la felicidad están siempre dentro de ti. Procura conectar con ellas en tu interior. Construye tu vida alrededor de esa alegría. Una buena afirmación para hacer diariamente es: «La alegría y la felicidad están en el centro de mi mundo».

Desarrolla una fuerte conexión espiritual con la vida. Esta conexión puede tener que ver o no con la religión en que fuiste educada. Cuando eras una niña no tenías opción. Ahora eres adulta y puedes elegir tus creencias espirituales. La soledad es uno de los momentos especiales de la vida. Tu relación con tu yo interior es la más importante. Dedica tiempo a reflexionar tranquilamente; comunícate con tu guía interior. Afirma: «Mis creencias espirituales me apoyan y me ayudan a ser todo lo que puedo ser».

Podrías copiar estas directrices y leerlas una vez al día durante uno o dos meses, hasta que estén firmemente instaladas en tu conciencia y formen parte de tu vida.

Hay muchísmos tipos de amor

Muchas mujeres no tendrán hijos en esta vida. No te creas eso de que la mujer no se realiza si no tiene hijos. Yo pienso que siempre hay una razón para todo. Tal vez estás destinada a hacer otras cosas en la vida. Si ansías tener hijos y sientes el hecho de no poder tenerlos como una pérdida, entonces laméntalo y llora por ello. Y después sigue tu camino; continúa con tu vida. No te quedes eternamente en el proceso de duelo. Afirma: «Sé que todo lo que ocurre en mi vida es perfecto. Estoy plenamente realizada».

Personalmente no soy partidaria de los tratamientos de fertilidad. Si tu cuerpo está destinado a tener un hijo, lo tendrás. Si no te quedas embarazada, quiere decir que hay un buen motivo para ello. Acéptalo, y después continúa con tu vida. Los tratamientos de fertilidad son caros, experimentales y peligrosos. Ahora comenzamos a leer cosas terribles relacionadas con este tema. Una mujer que se hizo 40 tratamientos, extraordinariamente caros, no se quedó embarazada, pero contrajo el sida. Uno de sus muchos donantes tenía esa enfermedad.

No permitas que los médicos hagan experimentos con tu cuerpo. Cuando usamos métodos no naturales para obligar al cuerpo a hacer algo que él, sabiamente, no desea hacer, nos buscamos problemas. No conviene jugar con la Madre Naturaleza. Fíjate en todos los problemas que tienen muchas mujeres debido a las operaciones para agrandar los pechos. Si tienes los pechos pequeños, alégrate de ello. Tu cuerpo es exactamente el que elegiste tener cuando decidiste encarnarte esta vez. Sé feliz de ser quien eres.

Sé que he tenido muchos hijos en mis muchas vidas. En esta vida no los tengo, y lo acepto como lo perfecto para mí esta vez. Hay muchos niños abandonados en este mundo; si realmente deseas satisfacer tu instinto maternal, la adopción es una buena alternativa. También puedes hacer de madre de otra mujer. Toma bajo tu protección a alguna mujer abandonada o perdida y ayúdala a volar. Rescata a algún animal abandonado, maltratado o sin hogar.

Hay muchas madres solteras luchando por criar solas a sus hijos. Esa es una tarea muy difícil y aplaudo a todas y cada una de las que pasan por esta experiencia. Estas mujeres sí que saben lo que significa el cansancio.

Pero ten presente que no hay por qué ser una «supermujer» y que no es necesario ser la «madre perfecta». Si quieres aprender unas cuantas técnicas y habilidades, lee algunos de los fabulosos libros que tratan de la maternidad y la paternidad. Si eres una madre amorosa, tus hijos tendrán una excelente oportunidad de convertirse en el tipo de adultos que querrías tener como amigos. Serán personas realizadas y prósperas. La realización personal aporta paz interior. Yo pienso que lo mejor que podemos hacer por nuestros hijos es amarnos a nosotras mismas, porque los niños siempre aprenden por el ejemplo. Tendrás una vida mejor y ellos también la tendrán. Un excelente libro para los padres es *What Do You Really Want for Your Children?* [¿Qué deseas realmente para tus hijos?], del doctor Wayne W. Dyer.

También tiene un lado positivo el hecho de ser madre soltera. Ahora las mujeres tienen la oportunidad de educar a sus hijos para que sean el tipo de hombres que dicen que quieren. Las mujeres se quejan mucho del comportamiento y las actitudes de los hombres, y, sin embargo, son ellas las que crían a los hijos. Culpar es una enorme pérdida de energía; es otro acto de impotencia. Si queremos hombres que sean amables y cariñosos, y que muestren su sensibilidad, su lado femenino, de nosotras depende educarlos de esa manera.

Si eres una madre divorciada, sobre todo no hables mal de tu ex marido. Eso sólo enseña a los hijos que el matrimonio es una guerra. Una madre influye más que nadie en sus hijos. ¡Madres, uníos! Cuando las mujeres asumamos nuestra responsabilidad y nos organicemos, entonces podremos tener el tipo de hombres que decimos que queremos en UNA generación.

Hagámonos unas cuantas preguntas. Cuando las contestes sinceramente, tus respuestas te darán una nueva dirección en la vida:

- ¿Cómo puedo aprovechar esta época para hacer que mi vida sea lo mejor que puede ser?
- ¿Qué es lo que quiero de un hombre?
- ¿Qué es lo que creo que necesito obtener de un hombre?
- ¿Qué puedo hacer para satisfacer estas necesidades? (No esperes que un hombre lo sea TODO para ti. Eso sería un terrible peso para él.)
- ¿Qué es lo que me llenaría? ¿Cómo puedo dármelo?
- ¿Cuál es mi excusa cuando no tengo a nadie que me domine o humille?
- Si nunca más volviera a tener un hombre en mi vida, ¿me destruiría a causa de ello? (¿O me crearía una vida maravillosa y me convertiría en un brillante faro para otras mujeres, en alguien que muestra el camino?)
- ¿Qué puedo darle a la Vida? ¿Cuál es mi finalidad? ¿Qué he venido a aprender? ¿Qué he venido a enseñar?
- ¿De qué manera puedo colaborar con la Vida?

Recuerda, el más pequeño cambio positivo en tu manera de pensar puede desembrollar el problema más grande. Cuando le hagas las preguntas correctas a la Vida, ella te responderá.

Encuentra tus recursos interiores

La simple pregunta «¿Cómo puedo realizarme sin un hombre?» es una idea aterradora para muchas mujeres; es necesario que reconozcamos nuestros miedos y los superemos.

La doctora Susan Jeffers ha escrito un libro sobre este tema, titulado *Feel the Fear and Do It Anyway*.* También recomiendo encarecidamente su otro libro *Opening Our Hearts to Men* [Abrir nuestros corazones a los hombres].

Women Alone: Creating a Joyous and Fulfilling Life [Mujeres solas: Crearse una vida dichosa y satisfactoria] es un libro escrito por Ione Jenson y Julie Keene. Explora las cada vez más numerosas opciones que tienen las mujeres que viven solas. Casi todas las mujeres viven solas en alguna época de su vida, ya sean solteras, divorciadas o viudas. Una pregunta que toda recién casada ha de hacerse antes de tener hijos es: «¿Estoy dispuesta a criar a mis hijos sola?». Igualmente, todas las mujeres casadas han de preguntarse: «¿Estoy preparada para vivir sola?».

Las autoras de *Women Alone* dicen: «Ha llegado la hora de cambiar nuestros conceptos y contemplar el estado de "vivir sin pareja" dentro de un contexto más amplio. En cuanto mujeres solas tal vez estamos llamadas a ser las nuevas pioneras de un propósito evolutivo mayor, y se nos invita a desempeñar un papel en el surgimiento de un nuevo modelo de vida en nuestro planeta».

Yo creo que todas las mujeres somos pioneras hoy en día. Las primeras pioneras trazaron rutas, se arriesgaron, afrontaron la soledad y el miedo, llevaron una vida de pobreza y privaciones, tuvieron que colaborar en la construcción de sus refugios y buscar alimento. Aun cuando estuvieran casadas, a menudo su marido pasaba largos

* Hay traducción al castellano: *Aunque tenga miedo, hágalo igual,* Robin Book, Barcelona, 1993. (*N. de la T.*)

periodos lejos de casa. Las mujeres tenían que protegerse a sí mismas y cuidar de sus hijos. Tuvieron que encontrar sus propios recursos. Ellas echaron las bases para construir este país. Las pioneras actuales son como tú y como yo. Tenemos magníficas oportunidades para realizarnos y contribuir a la igualdad entre los sexos. Es necesario que florezcamos donde hemos echado raíces.

En cuanto a la madurez emocional, las mujeres estamos en el punto más elevado de nuestra evolución en esta vida. Somos lo mejor que hemos sido jamás. De modo que es el momento de que nos forjemos nuestro destino. Hay muchísimas más oportunidades en la vida de lo que pensamos o experimentamos. Tenemos oportunidades que nunca antes habían estado a nuestro alcance. Ha llegado el momento de que nos unamos a otras mujeres para mejorar la vida de todas, lo cual también, mejorará la vida de los hombres. Cuando las mujeres estemos realizadas, satisfechas y felices, seremos compañeras fabulosas, personas maravillosas con las cuales vivir y trabajar. Y los hombres se sentirán infinitamente más cómodos con nosotras como sus iguales. Hemos de desearnos mutuamente el bien.

Necesitamos crear algo llamado *Guía para que todas las mujeres tengan una vida feliz y próspera*. No sólo será un manual de supervivencia, sino que también proporcionará un nuevo modelo para las mujeres. Necesitamos animar a cada mujer a ser lo mejor que puede ser. Si desalentamos a otra persona, ese desaliento volverá a nosotras de alguna manera. Si damos aliento a los demás, la Vida nos alentará de modos muy especiales. La Vida es muy misericordiosa, y simplemente nos pide que nos perdonemos a nosotras mismas y perdonemos a nuestro prójimo.

La opción de encontrar al «hombre ideal» es sólo una alternativa en una larga lista de posibilidades. Si eres soltera, no pongas tu vida «en suspenso» hasta encontrar a un hombre. Continúa con tu vida. Si no lo haces, podrías perdértela, tu vida entera.

No cabe la menor duda de que los hombres son unas magníficas criaturas. ¡Me gustan los hombres! Pero las mujeres que se esfuerzan por ser como ellos carecen de ambición y originalidad. No tenemos por qué ser iguales que nadie; necesitamos ser nosotras mismas.

En su maravilloso libro *What Every Woman Needs to Know Before (and After) She Gets Involved with Men and Money* [Lo que toda mujer necesita saber antes (y después) de liarse con los hombres y el dinero], la jueza Lois Forer dice: «El OBJETIVO DE LAS MUJERES no es emular a los hombres sino ser seres completos y realizados, seres humanos femeninos, personas que gozan de todos los derechos y privilegios de TODOS los ciudadanos de este país, y también de los muy especiales placeres de ser mujer».

Es necesario que busquemos y encontremos nuestros Recursos Interiores y nuestra Conexión Universal. Hemos de hallar y usar nuestro Núcleo Interior. Todas tenemos un tesoro de sabiduría, paz, amor y alegría en nuestro interior. Y esos tesoros están a sólo una respiración de distancia. Estamos destinadas a explorar nuevas profundidades dentro de nosotras mismas, y a hacer nuevas elecciones. Como mujeres, se nos ha programado para aceptar opciones limitadas; muchas mujeres casadas se sienten muy solas porque piensan que han perdido su oportunidad. Han cedido su poder. Hacen lo que hacía yo; miran a un hombre como si fuera un ser superior y preguntan: «¿Qué debo pensar y qué debo hacer?». Recuerda que para transformar nuestra vida, primero necesitamos hacer nuevas elecciones en nuestra mente. Al cambiar nuestros pensamientos, el mundo exterior nos responde de un modo diferente.

Conecta con tus tesoros interiores

Así pues, lo que te pido es que entres en tu interior y cambies tu manera de pensar. Conecta con tus tesoros interiores y úsalos. Cuando conectes con ellos, te entregarás a la vida desde la magnificencia de tu ser. Conecta con tus tesoros CADA DÍA.

Trátate de forma especial, como a una amiga muy querida. Una vez por semana concierta una cita contigo misma y sé fiel a ella. Ve a un restaurante, a ver una película, a un museo, o practica un deporte que te guste en particular. Vístete para la ocasión. Come tus platos preferidos. Ponte tu ropa interior más fina. No reserves las cosas buenas para cuando estés en compañía. Sé tu propia compañía. Ve a hacerte tratamientos faciales y masajes; mímate. Si no tienes mucho dinero, intercambia estas actividades con una amiga.

Sé agradecida con la Vida. Haz actos de amabilidad al azar. Paga el peaje a otra persona. En unos aseos públicos, recoge los papeles, limpia el lavabo, déjalo agradable para la persona que venga detrás de ti. Recoge lo que los demás hayan tirado al suelo en la playa o en el parque. Dale una flor a alguien que conozcas. Habla con una persona sin hogar. Haz una meditación sanadora por un delincuente. Dile a otra persona cuánto la aprecias. Léele a una persona mayor que viva sola. Los actos de bondad nos hacen sentir bien.

* * *

Nacemos solas y morimos solas. Nosotras elegimos la manera de llenar los espacios de en medio. Nuestra creatividad no tiene límites. Nuestras capacidades han de ser una fuente de alegría. Somos muchas las que fuimos educadas para creer que no podemos cuidar de nosotras mismas. Es fabuloso saber que sí podemos. Repítete a ti misma: «Pase lo que pase, sé que soy capaz de afrontarlo».

Necesitamos crearnos un maravilloso espacio interior. Haz que tus pensamientos sean tus mejores amigos. La mayoría de las personas piensan lo mismo una y otra vez. Tenemos un promedio de 60.000 pensamientos al día, y la mayoría de ellos son los mismos que tuvimos el día anterior, y el anterior, y el anterior. Nuestros pensamientos habituales pueden convertirse en surcos de negatividad. Ten nuevos pensamientos cada día. Piensa en nuevas maneras de hacer las cosas. Ten una firme filosofía de la Vida, que te apoye siempre y de todas formas. He aquí la mía:

1. Siempre estoy a salvo, divinamente protegida.
2. Todo lo que necesito saber se me revela.

3. Todo lo que necesito viene a mí en el momento y el lugar perfectos.
4. La vida es una alegría y está llena de amor.
5. Soy una persona que ama y es amada.
6. Mi salud es excelente.
7. Prospero dondequiera que me encuentre.
8. Estoy dispuesta a cambiar y crecer.
9. Todo está bien en mi mundo.

Repito con frecuencia estas afirmaciones. Las digo una y otra vez si algo va mal en algún aspecto. Por ejemplo, si me siento indispuesta, repito: «Mi salud es excelente». Si paso por un lugar oscuro, afirmo repetidas veces: «Siempre estoy a salvo, divinamente protegida». Estas creencias forman parte de mí hasta el punto que puedo recurrir a ellas en un instante. Haz una lista que refleje tu filosofía de la vida. Siempre puedes cambiarla o alargarla. Créate ahora mismo tus leyes personales. Créate un universo seguro. El único poder que puede dañar tu cuerpo y tu entorno son tus propios pensamientos y creencias. Y tú los puedes cambiar.

En estos momentos vives con la pareja perfecta: ¡tú misma! Antes de venir al planeta esta vez, elegiste ser quien eres en esta vida. Ahora tienes que pasar toda tu vida contigo. Alégrate y goza de esta relación. Haz que sea la mejor y más amorosa que puedas tener. Sé cariñosa contigo misma. Ama el cuerpo que elegiste; te acompañará toda la vida. Si hay cosas en tu personalidad que desearías cambiar, cámbialas. Hazlo con amor y risa, mucha risa.

Todo esto forma parte de la evolución de tu alma. Creo

que esta época es la más emocionante para vivir. Cada mañana al despertar agradezco a Dios el privilegio de estar aquí y experimentar todo lo que hay. Confío en que mi futuro será BUENO.

Afirmaciones para las mujeres

(Elige afirmaciones que te den poder como mujer. Cada día haz por lo menos una de las siguientes afirmaciones:)

Estoy descubriendo lo maravillosa que soy.

Veo en mi interior a un ser magnífico.

Soy sabia y hermosa.

Amo lo que veo en mí.

Elijo amarme y disfrutar.

Soy una mujer independiente.

Soy responsable de mi vida.

Amplío mis capacidades.

Soy libre de ser todo lo que puedo ser.

Tengo una vida fabulosa.

Mi vida está llena de amor.

En mi vida el amor empieza conmigo.

Tengo dominio sobre mi vida.

Soy una mujer poderosa.

Soy digna de amor y respeto.

No estoy sometida a nadie; soy libre.

Estoy dispuesta a aprender nuevas maneras de vivir.

Vuelo con mis propias alas.

¡VIVIR!

Acepto y uso mi poder.

Estoy en paz con el hecho de no tener pareja.

Disfruto esté donde esté.

Me amo y me valoro.

Amo y apoyo a las mujeres de mi vida y disfruto con ellas.

Mi vida me satisface profundamente.

Exploro todos los muchos caminos del amor.

Me encanta ser mujer.

Me encanta estar viva en este punto del tiempo y el espacio.

Lleno de amor mi vida.

Acepto el regalo del tiempo que paso sola.

Me siento totalmente completa y sana.

Estoy a salvo y todo está bien en mi mundo.

Soy una mujer poderosa, infinitamente digna de amor y respeto.

* * *

Estoy dispuesta a ver mi magnificiencia

En este momento elijo eliminar de mi mente y de mi vida toda idea y todo pensamiento negativos, destructivos y temerosos que me impidan ser la mujer magnífica que estoy destinada a ser. Ahora vuelo con mis propias alas, me apoyo y pienso por mí misma. Me doy lo que necesito. Estoy a salvo mientras crezco. Cuanto más me satisfago y realizo, más me aman los demás. Entro en las filas de las mujeres que sanan a otras mujeres. Soy una bendición para el planeta. Mi futuro es luminoso y hermoso. ¡Y así es!

* * *

Tres

Cuerpo sano, planeta sano

Cuido el templo de mi cuerpo
proporcionándole alimentos nutritivos y
haciendo mucho ejercicio. Amo todas
las partes de mi cuerpo, que siempre ha
sabido curarse a sí mismo.

Un jardín de curación

Siento verdaderamente que formo una unidad con toda la vida. Estoy en armonía con las estaciones, con el tiempo que hace, con el campo y la vegetación y con todos y cada uno de los seres que moran en la tierra y el mar y vuelan por los aires. No puede ser de otra manera. Todos usamos el mismo aire, la misma tierra, la misma agua. Somos totalmente interdependientes.

Cuando trabajo en mi jardín, enriqueciendo amorosamente la tierra de cultivo, sembrando, cosechando y reciclando, siento esta unidad. Puedo tomar un pequeño sector de tierra dura e improductiva, muchas veces lleno de malas hierbas, y transformarlo poco a poco en una rica marga que va a sustentar la vida en todas sus muchas formas. Es como tomar un sector de nuestra mente lleno de pensamientos y hábitos destructivos y alimentarlo para que pueda crear y sustentar experiencias sanas y enriquecedoras. Los pensamientos positivos y amorosos producen salud. Los pensamientos negativos, de miedo y odio, contribuyen a la enfermedad, al mal-estar.

Podemos sanar nuestra mente. Podemos sanar nuestra alma. Podemos sanar nuestra tierra de cultivo. Podemos contribuir a crear un planeta sano donde todos prosperemos y vivamos dichosos, tranquilos, a gusto. Pero sólo cuando nos amemos a nosotros mismos podremos realizar esta curación. Las personas que no se respetan a sí mismas rara vez respetan el medio ambiente, y rara vez sienten siquiera la necesidad de cuidarlo. Sólo cuando amemos la naturaleza y estemos en armonía con ella, podremos convertir nuestra Tierra en un fértil jardín. Cuando veas lombrices de tierra en tu jardín, entonces sabrás que has creado un ambiente que sustenta la vida.

La Tierra es verdaderamente nuestra madre; la necesitamos para sobrevivir. Ella no necesita a la Humanidad para prosperar. Mucho antes de que llegáramos a este planeta, la Madre Tierra estaba muy bien. Si no tenemos una relación de amor con ella, estamos muertos. Ya es hora de que cambiemos el impulso de destrucción que hemos creado.

En los dos últimos siglos de evolución, supuestamente civilizada, hemos causado más destrucción en este planeta que en los dos mil siglos anteriores. En menos de 200 años se ha hecho más daño al planeta que en los 200.000 años anteriores. Esto no habla mucho en favor de la forma en que hemos cumplido la responsabilidad que se nos ha confiado.

No se puede talar un árbol y esperar que la cantidad de oxígeno que se produzca sea la misma que antes. No se pueden verter substancias químicas en los ríos y esperar beber esa agua sin que afecte a nuestro cuerpo. Nosotros y nuestros hijos tenemos que beber ahora de esa agua impura. No se puede llenar la atmósfera de toxinas y substancias químicas y esperar que el aire se limpie solo. La Madre Tierra hace lo que puede para combatir estas prácticas destructivas de la Humanidad.

A todos nos hace falta desarrollar una relación íntima con la Tierra. Háblale, pregúntale: «Madre Tierra, ¿de qué manera puedo colaborar contigo? ¿Cómo puedo recibir tu bendición y bendecirte a mi vez?». Es necesario que amemos esta pequeña bola de tierra que gira por el espacio. Es todo lo que tenemos en estos momentos. Si no la cuidamos, ¿quién lo hará? ¿Dónde viviremos? No tenemos derecho a salir al espacio exterior si no somos capaces siquiera de cuidar nuestro propio planeta.

La conciencia de nuestra Tierra existe en una relación temporal diferente. Le tiene sin cuidado que aquí haya seres humanos o no. La Tierra es una gran maestra para quienes se toman el tiempo de escucharla. La vida no acaba aquí, haga lo que haga la Humanidad. La Tierra continuará. Solamente la Humanidad volverá a la nada de donde procede, a no ser que cambiemos nuestras costumbres. Todas las personas del mundo, vivan donde vivan o como vivan, tienen una relación íntima con la Tierra. Procura que la tuya sea amorosa y fortalecedora.

Mi filosofía sobre los alimentos

Los alimentos que preparamos para nutrir nuestro cuerpo proceden de las cosechas. Cocinados sencillamente, con pocos ingredientes, son lo adecuado para un cuerpo humano sano. En Estados Unidos nos hemos alejado de la comida sana para recurrir a la comodidad de la comida rápida. Somos el país donde hay más personas obesas y enfermas del mundo occidental. Consumimos en exceso alimentos grasos y procesados, llenos de productos químicos. Apoyamos a los fabricantes de comida a expensas de nuestra salud. Los artículos de más venta en los supermercados son: los refrescos, las sopas de lata, el queso procesado y la cerveza. Todos ellos contienen enormes cantidades de azúcar y/o sal, y no nos ayudan en absoluto a estar sanos.

Las industrias cárnicas y de productos lácteos, por no hablar de las tabacaleras, nos engañan, insistiendo en que esas enormes cantidades de leche y carne son buenas para nosotros. Sin embargo, precisamente esas grandes cantidades de carne y productos lácteos contribuyen a la abrumadora incidencia del cáncer de mama (y otros cánceres) y de enfermedades cardiacas que hay en este país. El excesivo uso y abuso de antibióticos está introduciendo enfermedades nuevas e inusitadas en nuestra vida. Los antibióticos matan la vida. La comunidad médica reconoce que no tienen manera de atacar estas nuevas enfermedades, de modo que se vuelven a las acaudaladas empresas farmacéuticas para que torturen a los animales con el fin de probar sus productos y crear una nueva sustancia química que sólo va a contribuir a deprimir nuestro sistema inmunitario.

Hormonas producidas por ingeniería genética invaden nuestra leche, y por lo tanto es un riesgo para la salud tomar también otros productos lácteos, como yogur, mantequilla, queso, helados, crema de leche, nata y cualquier otra cosa que se haga con leche tratada genéticamente. Estas hormonas también proceden de las empresas farmacéuticas. Como es un tema que te afecta, es necesario que sepas si la leche que compras contiene hormonas producidas por ingeniería genética. Pregúntalo en la tienda donde la compras y exige una respuesta.

Averigua si los helados que das a tus hijos no los están envenenando lentamente. Antes los helados se hacían sólo con leche entera, huevos y azúcar. Actualmente no se exige a los fabricantes que pongan en la etiqueta los muchos productos sintéticos que usan.

Mi filosofía básica sobre los alimentos es: Si crece, cómelo; si no crece, no lo comas. Las frutas, las verduras, los frutos secos y los cereales crecen. Los dulces y los refrescos no crecen. Lo que crece nutre el cuerpo. Los alimentos procesados, fabricados por el hombre, no pueden sustentar la vida. Por muy atractiva que sea la imagen impresa en el paquete, no hay vida dentro de él.

Las células de nuestro cuerpo están vivas y, por lo tanto, necesitan un alimento vivo para crecer y reproducirse. La vida ya nos ha proporcionado todo lo que necesitamos para alimentarnos y mantenernos sanos. Cuanto más sencilla sea nuestra comida, más sanos estaremos.

Somos lo que pensamos y lo que comemos. Sabiendo que lo que damos siempre vuelve a nosotros, suelo preguntarme cuál será el karma de los fabricantes que a sabiendas producen alimentos que dañan el cuerpo, o de los que fabrican cigarrillos y ponen aditivos en ellos para que creen más adicción.

Es necesario que nos fijemos en lo que introducimos en nuestro cuerpo. Porque si nosotros no lo hacemos, ¿quién lo hará? Prevenimos la enfermedad viviendo conscientemente. Algunas personas consideran que su cuerpo es una máquina que se puede maltratar y después llevarla al taller para que la reparen.

Mi camino de curación

A mediados de los años setenta me diagnosticaron un cáncer. Fue en esa época cuando me di cuenta de todos los pensamientos negativos que nadaban en mi conciencia. Desgraciadamente también había una gran cantidad de comida basura acumulada en mi cuerpo.

Sabía que para curarme era esencial que eliminara las creencias negativas que contribuían a mi mal estado físico y también la forma perjudicial en que, sin saberlo, había estado alimentando mi cuerpo.

Mi primera medida fue emprender un camino holista y metafísico hacia la curación. Pedí a los médicos que esperaran seis meses a operarme, con la excusa de que necesitaba ese tiempo para reunir el dinero que costaba la operación. Y entonces encontré a un médido naturópata maravilloso que me enseñó muchísimo sobre la salud holista.

Me dio una dieta que consistía predominantemente en alimentos crudos; asustada como estaba por el cáncer, la seguí al pie de la letra durante seis meses. Comí enormes cantidades de brotes y puré de espárragos, me hice hacer limpiezas de colon, me sometí a terapia de las zonas reflejas de los pies, y yo misma me ponía enemas de café. También daba largas caminatas, rezaba, y realicé una terapia intensiva para liberarme de viejos resentimientos de mi infancia. Lo más importante fue que practiqué el perdón y aprendí a amarme y cuidarme. En la terapia aprendía a ver la verdad de la infancia de mis padres; cuando comencé a comprender cómo fueron educados, pude empezar a perdonarlos.

No puedo decir que alguna de estas cosas por sí sola produjera la curación, pero pasados los seis meses los médicos me dijeron lo que yo ya sabía: ¡No había ni un solo rastro del cáncer!

Combustible sano para el cuerpo

Desde esa época de mi vida he explorado muchos y diferentes sistemas holistas, y he descubierto que algunos se adaptan mejor a mi estilo de vida personal que otros. Descubrí que me gustaba la comida macrobiótica, pero que empleaba demasiado tiempo en cocinarla. También me gustó el programa de alimentos crudos de la especialista en nutrición Ann Wigmore y otras personas, que es muy purificador y delicioso. A mi cuerpo le encantan los alimentos crudos en verano, pero en invierno sólo puedo comer cantidades limitadas de ellos, porque mi cuerpo tiende a enfriarse demasiado.

El método de la adecuada combinación de los alimentos propuesto por Harvey y Marilyn Diamond en su libro *Fit for Life*,* es otra alternativa saludable. Los autores recomiendan comer solamente fruta por la mañana, y después evitar mezclar féculas y proteínas en una misma comida, es decir, aconsejan comer las proteínas y las féculas por separado con verduras. Cada grupo de alimentos necesita una enzima diferente para una digestión completa. Cuando se

---

*   Hay edición en castellano: *La antidieta*, Urano, Barcelona, 1988. (*N. del E.*).

comen proteínas y féculas juntas, las diferentes enzimas digestivas se anulan entre sí y sólo se produce una digestión parcial. La adecuada combinación de los alimentos no sólo mejora la digestión sino que también ayuda a adelgazar.

Explorar muchos tipos de sistemas diferentes, los que nos vengan mejor, nos permite combinarlos en una dieta que sea la mejor para nuestro cuerpo.

Personalmente, noté en todo mi ser los resultados de mi nueva forma de considerar los alimentos. Cuando comencé a aprender sobre nutrición me incliné a comer alimentos más sanos, igual que cuando llegué a comprender las leyes de la Vida comencé a tener pensamientos más sanos. Actualmente, cuando me acerco a los 70 años, tengo más energía de la que tenía hace treinta. Soy capaz de trabajar todo el día en mi jardín y mi huerto y levantar sacos de abono de 20 kilos. Cuando siento que un resfriado anda al acecho, me libro rápidamente de él. Si como en exceso en alguna fiesta, sé qué comer al día siguiente para recuperar la energía. En resumen, llevo una vida más sana y más feliz.

Limpia tu dieta

El cuerpo pierde el equilibrio cuando se le dan demasiados alimentos procesados y aditivos. La harina refinada y el azúcar blanco contribuyen a la mala salud, así como los alimentos demasiado tratados o manipulados y el consumo excesivo de carnes y productos lácteos, todo lo cual carga el cuerpo de toxinas. En el plano físico, la artritis es una enfermedad producida por la toxicidad; el cuerpo está cargado de un exceso de acidez. Una dieta rica en cereales, verduras y fruta fresca es un buen primer paso en el camino hacia el bienestar.

También es necesario que prestes atención a lo que comes y a cómo te sientes después de comer. Por ejemplo, si una hora después de la comida del mediodía sientes deseos de dormir, eso quiere decir obviamente que has comido algo que no te ha sentado bien. Comienza a fijarte en qué alimentos son los que te dan energía, y entonces consúmelos en cantidad. Lleva la cuenta de los alimentos que te fatigan y elimínalos de tu dieta.

Si tienes muchas alergias, mi primer comentario (en el plano metafísico) sería: «¿A quién eres alérgico o alérgica?». En el plano físico, tal vez te convendría buscar un buen especialista en nutrición. Si no sabes dónde encontrarlo, pregunta en tu tienda de alimentos dietéticos. Pide a las personas que trabajan en ella que te recomienden alguno. Siempre conocen a buenos médicos. A un buen especialista en nutrición, yo le pido que me dé una dieta apropiada a mis necesidades particulares, en lugar de darme simplemente una dieta estándar hecha para todo el mundo.

Opino que la leche de vaca, que es perjudicial para el cuerpo, se puede sustituir por leche de soja, que cada vez se encuentra en más supermercados. Dado que mi cuerpo no tolera muy bien los productos de la soja, yo la sustituyo por leche de arroz. La variedad pura de esta leche es una bebida fabulosa y sirve para preparar todo tipo de platos, y las variedades con sabor a vainilla y algarroba son deliciosas para los postres. Suelo tomar la de sabor a vainilla con los cereales del desayuno (y a veces también utilizo para ello zumo de manzana).

He descubierto que el ayuno es también una excelente técnica de limpieza. Uno o dos días tomando solamente zumos de frutas o verduras o caldo de potasio pueden hacer maravillas en el cuerpo; sin embargo, creo que los ayunos largos sólo son aconsejables bajo la supervisión de un profesional bien preparado que sea especialista en el tema.

Si decides hacer un ayuno de zumos (o simplemente deseas disfrutar de un delicioso zumo en cualquier momento), es importante que dispongas de una licuadora. A mí me gusta mucho la mía, porque es grande, pesada y muy resistente. Es también la única licuadora que conozco capaz de hacer purés de frutas congeladas que saben a helado o sorbete. También es muy fácil de limpiar. El truco para limpiar licuadoras es hacerlo inmediatamente después de usarlas. Lávala bien «antes» de beber el zumo. Si dejas la limpieza para después, los restos quedan acumulados en los agujeritos y cuesta más limpiarlos. También hay licuadoras centrífugas, que van bien para pequeñas cantidades de frutas y verduras, pero son más difíciles de limpiar y se sobrecargan si se prepara mucho zumo.

Siempre que puedo me paso un día en la cama descansando, leyendo o escribiendo en el ordenador. Me quedo en la cama y como alimentos muy ligeros, a veces sólo tomo líquidos. Al día siguiente me siento como nueva, con mucha más energía. Es un acto de amor a mí misma.

Sí, como pequeñas cantidades de carne de vez en cuando. Aunque consumo mucha verdura, no soy vegetariana total. Mi organismo me pide un poco de carne una o dos veces a la semana, pero trato de que sea carne de cordero de Nueva Zelanda, o carne de buey sin hormonas, o ternera de granja, y de vez en cuando pollo o pescado.

También he ido reduciendo poco a poco el contenido de azúcar de mis alimentos, y ahora rara vez lo tomo. Cuando cocino en casa uso un edulcorante vegetal, hecho de uvas y cereales, que sirve para todo. Personalmente jamás usaría los edulcorantes artificiales que ponen en las mesas de los restaurantes. Si lees las etiquetas, verás como dicen que ese producto es perjudicial para la salud.

Qué hacer con las ansias de comer ciertos alimentos

El anhelo de comer ciertos alimentos casi siempre indica un tipo de desequilibrio en el cuerpo. En su libro *Constant Craving: What Your Food Cravings Mean and How to Overcome Them* [Ansias constantes de comer: Qué significan y cómo superarlas], Doreen Virtue trata este tema. El cuerpo intenta compensar carencias cuando desea fuertemente algo. Por ejemplo, un consumo excesivo de proteínas puede generar el ansia de comer dulces, y una carencia de magnesio suele estimular el deseo de comer chocolate. Una dieta equilibrada, rica en verduras y frutas frescas y en cereales, contribuye a equilibrar las papilas gustativas y a que esos deseos comiencen a disminuir.

Algunas personas desean más alimentos grasos que otras. Como probablemente sabes, dada la publicidad que se da en la prensa a este tema, comer una excesiva cantidad de grasas puede ser causa de obstrucción de las arterias, enfermedades cardiacas y, lógicamente, aumento de peso. Por desgracia, cuando éramos niños, a muchos de nosotros se nos crió con una dieta muy rica en grasas, de modo que nos puede resultar difícil comenzar a comer alimentos sencillos. Consideramos normal y apetitoso el sabor de la grasa; una hamburguesa con queso, acompañada de patatas fritas, está cargada de ácidos grasos insaturados y sal. Y sin embargo, después de un ayuno de tres días tomanto zumos, los alimentos sencillos saben exquisitos. Así pues, si ansías el sabor y la textura de los alimentos grasos, prueba a hacer estas afirmaciones:

Disfruto de los alimentos sencillos y naturales.
Los alimentos buenos para mi cuerpo son deliciosos.
Me gusta ser una persona sana y llena de energía.

La primera semana de dieta pobre en grasas puede que te resulte difícil, pero si continúas comiendo frutas, verduras y cereales muy poco condimentados, tus papilas gustativas comenzarán a cambiar. Empieza por modificar tus papilas gustativas usando algún sustituto de la sal. Hay algunos que contienen una mínima cantidad de sal y mucho polvo de verduras, y hay otros que también son buenos, aunque contienen levadura. Incluso con estos sustitutos, es aconsejable habituarse a consumir un poquito menos cada día hasta aprender a disfrutar del sabor de los alimentos puros. Existen también condimentos hechos de algas, y sustituir la sal por ellos es una buena manera de incorporar a la dieta las verduras del mar.

Cómo curar las enfermedades relacionadas con la comida

En las cartas que recibo de personas de todo el mundo, aparecen una y otra vez preguntas relacionadas con la comida y la nutrición, de modo que voy a explicar lo que pienso de estos temas, pero ten presente, por favor, que se trata de opiniones mías personales.

Anorexia

Creo que el factor que más contribuye a la anorexia es el odio a sí misma, puro y simple, acompañado por un total sentimiento de inseguridad, de no sentirse valiosa. A veces, en sus años de infancia, hay personas que empiezan a creer que hay algo malo en ellas, y entonces buscan una explicación a esos defectos que perciben: «Si fuera más delgada, más inteligente, más guapa», etc. «sería digna de amor». Las personas que sufren de anorexia necesitan aceptar que no hay nada de malo en ellas, que ya son dignas de amor y, lo más importante, que se merecen su propio amor.

Bulimia

La causa mental de la bulimia es muy semejante a la de la anorexia, sólo que la persona anoréxica nunca logra sentirse suficientemente delgada, mientras que la bulímica quiere mantener su figura a toda costa. La persona bulímica se atiborra de comida para ahogar sus sentimientos, y después se purga vomitando. En ambos casos hay una niña interior que necesita amor desesperadamente. Lo que tanto la persona anoréxica como la bulímica es preciso que sepan es que solamente ellas pueden dar a su niña interior el amor y la aceptación que necesita. La sensación de valía personal y la autoestima emanan de dentro y no tienen nada que ver con nuestra apariencia.

Uno de los mejores tratamientos para la anorexia y la bulimia sería una terapia de grupo que se centrara en el amor a sí misma. Es el marco ideal para descubrir nuestras falsas creencias y enterarnos de que otras personas sí nos aman y aceptan tal como somos. Cuando aprendemos a amarnos a nosotros mismos, automáticamente tendemos a cuidarnos y a averiguar qué alimentos son los mejores para nuestro cuerpo. Por sí solos, los alimentos sanos y nutritivos no convencen al niño interior herido de que es digno de amor.

Comer en exceso

Yo creo que engordamos debido a las toxinas que acumulamos en el cuerpo. Durante demasiado tiempo lo llenamos de alimentos nocivos. No tiene ningún sentido hacer dietas drásticas para perder peso, porque después de la privación se recupera rápidamente el peso perdido. La mejor decisión es optar por la salud y aprender a comer de manera sana. Sólo esto ya sirve para librarse del exceso de peso. Y si se continúa comiendo alimentos saludables, no se vuelve a recuperar el peso perdido. (Un buen libro para aquellos que deseen romper el vínculo entre malos tratos, estrés y comer demasiado es *Losing Your Pounds of Pain* [Pierde tus kilos de dolor], de Doreen Virtue.)

Las dietas estrictas son una forma de odio a uno mismo. No reflejan amor ni crean un cambio permanente. Cuando nos queremos de verdad a nosotros mismos, no tenemos necesidad de hacer dieta. En su libro *The Only Diet There Is* [La única dieta que existe], Sondra Ray nos enseña a eliminar los pensamientos negativos de nuestra dieta.

Si tus hijos comen alimentos nocivos o están obesos, trata de ser un ejemplo de amor para ellos. Mantén lejos de casa la comida basura, y estudiad nutrición juntos. Que tus hijos elijan lo que quieren comer de un grupo selecto de buenos alimentos. Haced experimentos para ver cómo diferentes alimentos afectan de modo distinto a cada uno. Haz que vuestra nueva manera de comer se convierta en una experiencia de aprendizaje. Deja que tus hijos te enseñen algo sobre nutrición cada semana.

Respecto a los niños obesos, recuerda que tú, como progenitor, haces la compra y controlas qué alimentos entran en tu casa. Sin embargo, los niños obesos suelen tener problemas de inseguridad. Trata de discernir qué preocupa tanto a tu hijo que necesita un exceso de peso para protegerse. ¿Lo tratas con demasiada dureza? ¿Dónde se ha roto la comunicación entre tú y tu hijo? A los niños obesos normalmente les ocurren muchas más cosas que el simple hecho de comer demasiado.

Evidentemente, he de añadir que la proliferación de los restaurantes de comida rápida ha hecho un enorme daño a la salud de nuestros hijos. No sólo tenemos muchos niños enfermos y obesos, sino que también tienden a convertirse en adultos que piensan que la comida rica en grasas y escasamente nutritiva es la norma. No es de extrañar que tengamos una población tan obesa. En Estados Unidos hay 56 millones de personas con exceso de peso. Las dietas ricas en grasas y azúcar contribuyen a la hiperactividad de los niños, la rebeldía de los adolescentes y la agresividad de muchos de los internos de las cárceles. Pero lo que necesitamos no son dietas, sino volver a comer alimentos naturales y sanos.

Hipoglucemia

Las personas que sufren de hipoglucemia suelen sentirse agobiadas por la vida, que para ellas es algo inmanejable, que las supera. También interviene en este malestar bastante autocompasión, y la sensación general se expresa diciendo: «¿Para qué?», «¿De qué sirve?».

Las personas que padecen de este trastorno necesitan comer pequeñas cantidades de alimento a menudo, para mantener alto el nivel de azúcar en la sangre con el fin de elevar su nivel de energía. Sin embargo, lo peor que pueden tomar es azúcar, porque eleva rápidamente el nivel de azúcar y luego lo baja con igual rapidez, y la persona se siente hundida. Los cereales son lo mejor que se puede comer, porque mantienen equilibrado el nivel de azúcar durante bastante tiempo. Comer cereales naturales para desayunar, calientes o fríos, sin azúcar, mantiene elevado el nivel de energía hasta la comida de mediodía. También conviene que las personas hipoglucémicas lleven siempre con ellas pequeños y nutritivos tentempiés para comer durante el día; verduras crudas, almendras crudas, galletas o un poco de queso de soja son buenas alternativas. Las frutas pasas no son una buena elección, porque son demasiado concentradas y demasiado dulces. También en este caso un buen especialista en nutrición puede ofrecer la mejor orientación.

Adicción a la nicotina

Yo fumé durante muchos años; comencé a hacerlo a los quince. En ese momento quería parecer sofisticada y adulta. Pensaba que los cigarrillos me iban bien para calmar los nervios, pero en realidad lo único que hacían era ponerme más nerviosa. Se convirtieron en una forma de arreglármelas con mi inseguridad emocional. Igual que muchas personas me convertí en adicta, y me llevó bastante tiempo dejarlo finalmente para siempre.

Los cigarrillos son substitutos de muchas otras cosas. Pueden ser una cortina de humo para mantener alejadas a otras personas, pueden ser un substituto del compañerismo, una manera de controlar los sentimientos, una forma de castigarse, e incluso un modo equivocado de controlar el peso. Sea cual sea la causa de que una persona comience a fumar, una vez que lo hace, el tabaco se convierte rápidamente en una adicción muy difícil de abandonar. Ahora hay tabacaleras que añaden substancias que hacen aún más adictivos los cigarrillos.

Cuando los fumadores deciden liberarse de ese hábito adictivo, hay muchos caminos para hacerlo. No tienen por qué luchar solos. Pero es necesario que realmente deseen dejar de fumar. Si este es tu caso, entonces la acupuntura puede eliminar tus deseos de fumar. Existen también muchos remedios homeopáticos, e infusiones. También puede resultarte útil masticar un trocito de raíz de regaliz. Mira si encuentras otras opciones en tu tienda de alimentos dietéticos.

En *Alternative Medicine* [Medicina alternativa], del Grupo Burton Goldberg, se recomienda tomar un baño con un cuarto de kilo de sales Epsom. Esto hace salir la nicotina por la piel. Después hay que ducharse y secarse con una toalla blanca. Te sorprenderá ver el residuo marrón que queda en la toalla, de la nicotina que ha excretado la piel.

Pienso que sería fabuloso que todo el mundo, fumadores y no fumadores, escribieran a las empresas tabacaleras y les exigieran que dejaran de poner aditivos adictivos al tabaco de los cigarrillos. Esa es una práctica perversa, una expresión de la codicia cuyo coste es la salud del consumidor. Si el Gobierno no le pone fin a esto, entonces debemos hacerlo nosotros, el pueblo.

Resfriados y fiebre

Desde el punto de vista metafísico, los resfriados van asociados a una congestión mental. Cuando hay demasiada confusión y demasiados proyectos sobre el tapete, solemos ser incapaces de tomar decisiones claras.

En el aspecto físico, los resfriados son el resultado de un consumo excesivo de productos no naturales, que congestionan los intestinos. Muchas personas dicen: «Alimenta al resfriado y mata de hambre a la fiebre». Pero lo que realmente están diciendo es: «Si alimentas al resfriado, tendrás que matarte de hambre para acabar con la fiebre». Así pues, la respuesta es aligerar; aligerar la dieta comiendo más verduras y frutas frescas y cereales; abandonar los alimentos procesados y las carnes pesadas, y ciertamente, tomar muy pocos productos lácteos. La leche forma mucosas en el cuerpo. Los productos lácteos agravan muchos problemas de oídos y trastornos pulmonares.

Un resfriado es un aviso de la naturaleza de que el cuerpo necesita un descanso, del estrés y de la comida. Si nos precipitamos a la farmacia a comprar el último medicamento sin receta para sofocar los síntomas, entonces no permitimos que actúe la inteligencia sanadora del cuerpo. Hemos de escuchar a nuestro cuerpo y hacer caso de sus mensajes. Nuestro cuerpo nos ama y desea que estemos sanos.

Me angustio cada vez que veo un anuncio por televisión del último medicamento que nos va a hacer volver inmediatamente al trabajo. Tomar estos preparados es como azotar a un caballo cansado para que trabaje más. No funciona, y es un acto nada cariñoso. Los cuerpos maltratados se agotan y fallan demasiado pronto.

Las fiebres suelen aparecer cuando uno arde de rabia. En el plano físico, el cuerpo produce fiebre para quemar las toxinas. Es una manera de hacer limpieza.

Durante mucho tiempo hemos reprimido tanto nuestros pensamientos y emociones, sobre todo tomando medicamentos, que rara vez sabemos realmente lo que estamos pensando o sintiendo. No sabemos si estamos sanos o enfermos.

Candidiasis

Las personas que padecen este trastorno suelen estar muy frustradas y furiosas, y tal vez algo dispersas en su vida personal y profesional. Dado que son básicamente desconfiadas, suelen ser muy exigentes en sus relaciones. Son muy buenas para tomar, pero muy malas para dar. En sus primeros años aprendieron que no podían confiar en las personas más próximas a ellas. Ahora no pueden confiar en sí mismas.

Según *Healthy Healing* [Curación sana], libro sobre curación alternativa de la naturópata Linda Rector-Page, «la candidiasis es un estado de desequilibrio interno, no un germen, microbio ni enfermedad. *Candida albicans* es una cepa de hongos que comúnmente se encuentra en las zonas gastrointestinales y genitourinarias del cuerpo. Por lo general es inofensiva, pero cuando están bajas la resistencia y la inmunidad, este hongo puede multiplicarse rápidamente, alimentándose de los azúcares e hidratos de carbono presentes en estos conductos. Libera toxinas en el torrente sanguíneo y causa problemas de largo alcance. El estrés y la falta de descanso agravan este trastorno en un cuerpo que ya está desequilibrado». *Healthy Healing* es un libro excelente que yo recomiendo encarecidamente, junto con su complemento *Cooking for Healthy Healing* [Cocina para la curación sana].

Para tratar la candidiasis los especialistas en nutrición recomiendan eliminar de la dieta, entre otras cosas, el azúcar, los edulcorantes artificiales, el pan, las levaduras, los productos lácteos, la fruta, el té, el café, los vinagres y el tabaco, al menos durante dos meses. La candidiasis es un trastorno que realmente precisa ser tratado por un especialista en nutrición capacitado.

Menopausia

Yo creo que la menopausia es un proceso normal y natural de la vida, no una enfermedad. Cada mes, durante la menstruación, el cuerpo se desprende del lecho que había preparado para un bebé que no se ha concebido. También elimina con ella muchas toxinas. Si hacemos una dieta a base de comida basura, o simplemente la dieta estándar estadounidense de alimentos procesados, con un 20 por ciento de azúcares y un 37 por ciento de grasas, vamos acumulando toxinas, tal vez más de las que podemos eliminar.

Si tenemos muchas toxinas en el cuerpo cuando estamos al borde de la menopausia, entonces el proceso va a ser más desagradable. De modo, pues, que cuanto más cuides de tu cuerpo diariamente, más fácil va a ser tu menopausia. Un periodo difícil o fácil de menopausia comienza con cómo nos sentimos con nosotras mismas desde la pubertad en adelante. Las mujeres que tienen una menopausia difícil suelen haber comido mal durante mucho tiempo y tienen una mala imagen mental de sí mismas.

A comienzos de siglo nuestra esperanza de vida estaba alrededor de los 49 años; en esa época la menopausia no era un gran problema: cuando llegaba, la mujer ya estaba a punto de abandonar este mundo. Actualmente nuestra esperanza de vida está alrededor de los 80 años, y la menopausia es un problema que hay que afrontar. En la actualidad cada vez son más las mujeres que deciden tener un papel más activo y responsable en el cuidado de su salud, hacerse mayores más en armonía con su cuerpo y permitir que los procesos de cambio, como la menopausia, se produzcan de manera natural, con poco desagrado o incomodidad y poca disminución de sus capacidades. Como en cualquier otra cosa en nuestra vida, tenemos diferentes grados de preparación y buena disposición. Para muchas, el nivel de responsabilidad y compromiso necesario para armonizar nuestra mente y cuerpo cuando se trata de problemas profundamente arraigados, es demasiado elevado y necesitan ayuda de médicos o de otras fuentes hasta sentirse suficientemente preparadas o seguras para afrontar algunos de los problemas que afectan a su salud y su bienestar, como son las creencias sobre su valía personal. Una creencia muy común, en nuestra sociedad patriarcal, es que las mujeres valen muy poco o nada sin su capacidad reproductora. ¿Es de extrañar entonces que muchas mujeres teman y se resistan a la menopausia? La terapia con estrógenos no soluciona este tipo de problemas. Sólo nuestro corazón y nuestra mente pueden sanar estas ideas.

Pienso que es esencial que las mujeres se informen

sobre cuáles son sus verdaderas alternativas. Lee y comenta con tus amigas el libro de Sandra Coney *The Menopause Industry: How the Medical Establishment Exploits Women* [La industria de la menopausia: Cómo explota a las mujeres el sistema médico]. Este libro señala que hasta la década de los sesenta los médicos no estaban muy interesados en la menopausia. A las mujeres se les decía que el problema sólo estaba en su cabeza; después de todo, Freud dijo que la menopausia era un trastorno neurótico.

El doctor Robert A. Wilson, ginecólogo de Nueva York, fundó una sociedad privada financiada por donaciones de la industria farmacéutica; su libro *Feminine Forever* [Eternamente femenina], publicado en 1966, lanzó una cruzada para rescatar a las mujeres de la «decadencia en vida» que representaba la menopausia y para que tomaran estrógenos desde la pubertad hasta la tumba. Actualmente la menopausia se ha convertido en algo que se puede explotar para lucro comercial. La industria farmacéutica ha favorecido la idea de la menopausia como enfermedad porque tiene los medicamentos para tratarla.

Sandra Coney dice también: «No hay ningún ámbito donde quede tan agudamente en evidencia el inamovible sexismo de la medicina como en la menopausia. La nueva visión de la menopausia como enfermedad es socialmente controladora. La medicina moderna no hace más poderosas a las mujeres ni las pone al mando de su vida. Convierte en enfermas a mujeres sanas».

No quiero negar con esto que a algunas mujeres les va bien la terapia con hormonas. Pero el hecho de que muchos miembros del sistema médico actual hagan la afirma-

ción general de que todas las mujeres necesitan este tratamiento desde la menopausia hasta la muerte es condenar y
despreciar a la mujer madura. Esencialmente, lo que quiero decir es que trabajar por lograr armonía y equilibrio en
nuestra mente y nuestro cuerpo puede hacer innecesarias
las terapias con medicamentos, que tienen debilitadores
efectos secundarios.

En mi caso, cuando tuve mi primer sofoco fui a ver a
un amigo homeópata. Él me dio una dosis de un remedio
homeopático y nunca volví a tener otro sofoco. Fue una
suerte que me conociera tan bien. En la actualidad, los especialistas en nutrición usan una serie de hierbas que son
de gran ayuda para cuando se está pasando por esa época de la vida. También existen substancias naturales que
reemplazan a los estrógenos. Consulta con tu especialista
en nutrición sobre este tema.

Ten presente que actualmente las mujeres somos pioneras que trabajamos para cambiar antiguas creencias negativas, con el fin de que nuestras hijas y nietas jamás tengan
que sufrir durante la menopausia.

Agua

Agua limpia y pura. Cuando se trata de los factores más importantes para la salud, el oxígeno es el número uno y el
agua el número dos. No hay nada como ella. El agua no
sólo apaga la sed sino que también limpia el cuerpo. Si
cada vez que desees comer un tentempié bebes un buen
vaso de agua, harás un bien a tu cuerpo. Casi un 75 por

ciento de nuestro cuerpo es agua. Todas las células necesitan agua para realizar bien su trabajo. Te recomiendo que bebas mucha agua, con una excepción: no la bebas en las comidas, porque diluye los jugos digestivos y entonces se extraen pocos elementos nutritivos de los alimentos.

Desgraciadamente la Humanidad, sobre todo la industria, lleva bastante tiempo contaminando esta valiosa substancia. La mayor parte del agua suministrada por nuestros municipios no es apta para beber, al haber sido tratada con muchas substancias químicas. En consecuencia, recurrimos al agua embotellada. Actualmente se encuentra agua embotellada en todos los supermercados y colmados. A mí personalmente me gusta comprar agua embotellada de manantial cuando viajo, pero en casa he puesto un filtro en la entrada de la tubería y así hasta me ducho con agua filtrada. En el fregadero de la cocina tengo otro filtro, de modo que bebo agua doblemente filtrada.

En el sur de California tenemos periódicamente temporadas de sequía. Durante la última envié estas ideas a nuestro periódico local:

Aplica el sentido común para ahorrar más agua

Durante mucho tiempo hemos tenido agua corriente en abundancia y nos hemos acostumbrado a derrocharla. Ahora, en esta época de intensa sequía se nos pide que reduzcamos en un 50 por ciento el consumo de agua y no sabemos qué hacer. He aquí algunas orientaciones de «sentido común» que podemos seguir con poco esfuerzo:

1. Si es posible, usa el agua dos veces. No la dejes escurrirse en el fregadero. Acumúlala y vuelve a usarla.
2. Lava en un recipiente las frutas y verduras. Vuelve a usar esa agua para regar las plantas.
3. Cuando cambies el agua del perro, echa el agua anterior a las plantas.
4. Usa detergentes y jabones biodegradables y no tóxicos, para poder regar las plantas con el agua usada sin dañarlas. Hay empresas que llevan años fabricándolos. Pregunta en tu tienda de productos naturales.
5. Da unas vacaciones al lavavajillas y vuelve a la tradición de lavar los platos a mano. Ahorrarás agua y electricidad. Usa una pila para fregar y otra para aclarar. Ahorra agua en el aclarado.
6. Toda el agua que queda en los floreros se puede volver a usar para regar las plantas de interior (a ellas les encanta, pues esa agua está llena de substancias nutritivas).
7. Cuando te laves las manos, la cara o los dientes, pon también un recipiente en el lavabo para recoger esa agua, que puedes usar para regar las plantas de exterior.
8. Tengo uno o dos cubos grandes en la puerta de la cocina y uno en la puerta del cuarto de baño. Toda el agua que no necesito usar en el momento, la guardo en ellos: agua de aclarar los platos, del baño o la ducha, etc.
9. Reduce la capacidad de la cisterna del inodoro, o limítala introduciendo una bolsa doble de plástico llena de agua, sujeta firmemente. En Santa Bárbara, donde desde hace bastante tiempo el agua está racionada, tie-

nen un dicho relativo a tirar de la cadena: «Si es amarillo, déjalo un poquillo; si es marrón, dale un tirón». Es decir, no es necesario tirar de la cadena cada vez que se usa el inodoro.

10. Instala un «ahorrador de agua» en el cabezal de la ducha. Mójate el cuerpo, cierra el agua mientras te enjabonas y después aclárate rápidamente.

11. Coloca el tapón en la ducha y junta el agua. Recógela en un recipiente y úsala para regar las plantas.

12. Aunque no estemos acostumbrados a ello, es posible bañarse en 8 cm de agua. Recoge esa agua usada de la bañera y vuelve a utilizarla en el jardín. Si no tienes jardín, puedes llevar el recipiente a la calle cada día y tal vez salvar un árbol de tu vecindario. Adopta un árbol y riégalo regularmente con un agua que de otro modo dejarías que se fuera por el desagüe.

13. Cerciórate de que tienes bien llena la lavadora antes de usarla.

14. Pon una cisterna bajo los canalones del tejado para recoger el agua cuando llueve.

15. Inventa formas de reciclar el agua para aprovecharla. Busca a un fontanero que te modifique las tuberías de modo que el agua de la cocina, la bañera y la lavadora salgan a tu jardín o huerto.

16. Consigue la colaboración de tus hijos. Haz un concurso en la familia: a ver quién puede ahorrar más agua en un día.

17. Cubre las plantas con una capa de paja, hojas o hierba después de regarlas, para que puedan vivir con menos agua.

Aun con todas estas medidas, es posible que tengamos que abandonar alguna parte del jardín. Recuerda que esto sólo es una medida temporal. Cuando llueva podremos volver a plantar.

Recuerda también que en muchos lugares del planeta todavía acarrean agua desde un pozo central para las necesidades de la casa. Por difícil que nos resulte ahorrar el agua, agradezcamos la manera cómoda como fluye en nuestra vida. Con amor bendigamos el agua cada vez que la usemos. Demos las gracias por todo lo que tenemos.

Los placeres del ejercicio

El ejercicio es fabuloso para el cuerpo. Haz cualquier cosa que te haga sentir bien. No importa si es montar en bicicleta, jugar al tenis, al voleibol o al golf, correr, nadar, caminar a buen paso, saltar en la cama elástica o a la comba, jugar con el perro o lo que sea. Es esencial practicar algún tipo de ejercicio para mantener una salud óptima. Si no hacemos nada de ejercicio, los huesos se debilitan; necesitan el ejercicio para mantenerse fuertes. Cada vez vivimos más años, de modo que nos conviene poder correr, saltar y movernos con agilidad hasta nuestro último día.

Yo voy al gimnasio dos veces por semana y también hago mucho ejercicio cuidando del jardín y el huerto, lo cual es un trabajo físico bastante arduo. A lo largo de mi vida he hecho ejercicios de jazz, aeróbicos y de estiramiento, yoga, trapecio y danza. Desde hace algún tiempo voy a un gimnasio a hacer aparatos; no son ejercicios con pesas sino con muelles, para que los músculos se conserven largos. Esta forma de ejercicio le sienta muy bien a mi cuerpo. También camino con bastante regularidad, y disfruto mucho haciéndolo, porque me ofrece la oportunidad de contemplar la belleza de los alrededores de mi amado barrio del sur de California.

Si estás pensando en iniciar un programa de ejercicios, comienza poco a poco, tal vez sólo con una caminata alrededor de la manzana después de comer. A medida que vaya creciendo tu energía, podrás aumentar la velocidad y la distancia hasta llegar a recorrer a paso vivo un kilómetro y medio o más. Te sorprenderán los cambios que tendrán lugar en tu cuerpo y tu mente cuando comiences a cuidar de ti de esta manera. Recuerda: hasta lo más pequeño que haces por ti es un acto de amor o de odio. El ejercicio es amor a uno mismo. Y amarse es la clave del éxito en todos los aspectos de la vida.

En *Healthy Healing* [Curación sana], se ofrece un «ejercicio de un minuto» para aquellas personas que dicen no tener tiempo, o para cuando se tiene demasiada prisa para hacer un conjunto de ejercicios más largos. Simplemente tiéndete en el suelo. Después ponte de pie de la manera que puedas. Vuelve a echarte y vuelve a levantarte. Sigue haciéndolo durante un minuto. Este ejercicio ejercita los músculos, los pulmones y el sistema circulatorio.

En su libro *The Power of 5* [El poder de 5], Harold Bloomfield y Robert K. Cooper presentan muchos ejercicios de cinco minutos que se pueden hacer a lo largo del día. Por ejemplo, el de apretar la parte inferior del abdomen: espira lentamente y cuando llegues al punto en el que sueles acabar la espiración, suave pero firmemente oblígate a expulsar más aire, haciendo fuerza con los músculos abdominales inferiores. Ve añadiendo ejercicios hasta hacer diez cada día. Hazlos donde y cuando puedas, practicando uno o dos cada vez.

Mi ejercicio de «un minuto» predilecto, que practico cuando tengo prisa, es simplemente saltar 100 veces. Es rápido, fácil y agradable de hacer.

Como ves, hay muchas maneras de procurar que el cuerpo no se anquilose ni se ponga rígido. Muévete y diviértete.

Tomar el sol o no

Sé que hay mucha controversia respecto a tomar el sol. Sin embargo, la manera habitual de recibir la vitamina D es absorberla a través de la piel cuando estamos expuestos a la luz del sol. Sí, estoy de acuerdo en que tostar el cuerpo al sol durante horas y horas no es la manera más prudente de proceder. No obstante, los seres humanos llevamos millones de años en este planeta, y el sol también. Dios dispuso las cosas para que nuestro cuerpo sea compatible con el sol; en las regiones donde el sol es muy fuerte, la naturaleza nos dio unos pigmentos de la piel más oscuros; los nativos de África están al sol todo el día y no enferman de cáncer de piel. Lamentablemente, en nuestra sociedad moderna nos hemos alejado tanto de los alimentos naturales, los que la Naturaleza nos proporciona, que nuestro cuerpo está en mala forma en todos los aspectos, incluyendo nuestra relación con el sol.

También tenemos la reducción de la capa de ozono que rodea nuestro planeta, debido a la contaminación extrema que ha provocado la Humanidad. En lugar de corregir los problemas y tratar al aire como el tesoro que es, nuevamente hemos recurrido a la industria farmacéutica en busca de respuestas, y ésta ha fabricado lociones y cremas para protegernos del sol. Ahora se nos advierte que hemos de untarnos la piel con estos productos químicos cada vez que salimos al aire libre. Incluso se nos aconseja aplicar estas substancias no naturales a nuestros hijos pequeños. Personalmente creo que todo este asunto es un gran timo, una campaña propagandística que beneficia a las empresas farmacéuticas.

En *Alternative Healing* [Curación alternativa] se nos nforma de una nueva investigación que sugiere que esas cremas protectoras podrían ser en sí mismas causantes de melanoma dado que impiden que la piel produzca la vitamina D. No hay ninguna prueba de que las lociones solares prevengan el cáncer en los seres humanos; sólo previenen las quemaduras. Este estudio también afirma que los casos de melanoma han aumentado en proporción directa con el aumento de la venta de las cremas protectoras. Queensland (Australia) tiene el mayor porcentaje de casos de melanoma en el mundo, y es también el lugar donde la comunidad médica comenzó a recomendar encarecidamente el uso de cremas protectoras.

Es necesario que seamos sensatos a la hora de tomar el sol. El exceso de exposición al sol acelera el envejecimiento de la piel, de modo que no te excedas. Ten cuidado también con los productos químicos que te aplicas en la piel, porque la piel los absorbe todos.

Ama tu cuerpo

Cuando escuchas con amor los mensajes de tu cuerpo, lo nutres con los alimentos que necesita, lo mantienes en forma y lo amas. Yo creo que nosotros contribuimos a crear todas las enfermedades de nuestro cuerpo. Como todo lo demás en la vida, nuestro cuerpo es un reflejo de nuestros pensamientos y creencias más íntimos. Tu cuerpo siempre te está hablando; dedica un tiempo a escucharlo. Todas las células responden a cada pensamiento que tienes y cada palabra que dices.

Cuidar de nuestro cuerpo es un acto de amor. Cuando aprendas más y más sobre nutrición, comenzarás a notar cómo te sientes después de comer ciertos alimentos. Vas a descubrir cuáles te proporcionan un vigor óptimo y mucha energía. Entonces continuarás comiendo esos alimentos.

No creo que todos tengamos que enfermar y acabar en residencias de ancianos; no es así como estamos destinados a abandonar este extraordinario planeta. Pienso que podemos cuidar de nosotros mismos y conservarnos sanos durante mucho tiempo.

Es necesario que cuidemos y respetemos el maravilloso templo en que vivimos. Una manera de hacerlo es alejarse del aluminio, que en realidad está creando muchos problemas. Los investigadores han descubierto que hay una correlación directa entre el aluminio y la enfermedad de Alzheimer. Recuerda que el aluminio no sólo está presente en las latas de cerveza y refrescos y otros envases, sino también en el papel de aluminio y en los cazos y ollas de este metal, cosas que podrías comenzar a desechar. Tengo entendido que también es un ingrediente de los atomizadores para el aliento, y que está presente en muchos preparados para pasteles. Todo eso es sencillamente veneno para el cuerpo. ¿Cómo vamos a querer envenenar a un cuerpo que amamos?

Creo que la mejor manera de ser buenos con nuestro cuerpo es acordarnos de amarlo. Mírate a los ojos en el espejo con frecuencia. Repítete que eres una persona maravillosa. Transmítete un mensaje positivo cada vez que veas el reflejo de tu imagen. Simplemente ámate. No esperes a adelgazar, fortalecer la musculatura, bajar el nivel de colesterol ni reducir grasas. Ámate ahora mismo. Porque te mereces sentirte una persona maravillosa todo el tiempo.

¡Eres un ser fabuloso!

Afirmaciones para amar tu cuerpo

Amo mi cuerpo.

A mi cuerpo le encanta estar sano.

Mi corazón es el centro del amor.

Mi sangre tiene vida y vitalidad.

Amo todas las células de mi cuerpo.

Todos mis órganos funcionan perfectamente.

Lo veo todo con amor.

Escucho con compasión.

Me muevo con soltura y comodidad.

Mis pies bailan por la vida.

Bendigo con amor mis alimentos.

El agua es mi bebida predilecta.

Sé cuidar de mí.

Mi cuerpo está más sano que nunca.

Valoro y aprecio mi magnífico cuerpo.

* * *

Mi cuerpo está sano, curado y completo

Me perdono por no haber tratado bien a mi cuerpo en el pasado. Yo hacía lo mejor que podía con el entendimiento y los conocimientos que tenía. Ahora me cuido lo suficiente para nutrirme con lo mejor que ofrece la Vida. Doy a mi cuerpo lo que necesita en todos los aspectos para tener una salud óptima. Con alegría, como alimentos nutritivos y bebo mucha agua pura y natural. Continuamente descubro nuevas y agradables maneras de hacer ejercicio. Amo todas y cada una de las partes de mi cuerpo, por dentro y por fuera. Ahora elijo los pensamientos apacibles, armoniosos y amorosos que crean una atmósfera de armonía interna para las células del cuerpo en que vivo. Estoy en armonía con todas las partes de la vida. Mi cuerpo es un buen amigo al que cuido con amor. Me alimento y me nutro física y emocionalmente. Descanso bien, duermo apaciblemente. Despierto con alegría. La vida es buena y disfruto viviéndola. ¡Y así es!

* * *

Cuatro

Las relaciones en la vida

Todas las personas que conozco son un reflejo de una parte de mí.

La relación más importante de todas

La relación más duradera que tendré en mi vida es la que tengo conmigo. Todas las demás relaciones vienen y van. Incluso los matrimonios que duran «hasta que la muerte nos separe» finalmente acaban. La única persona con quien estoy siempre soy yo. Mi relación conmigo es eterna. Así pues, ¿cómo es esta relación? Al despertar por la mañana, ¿me alegro de encontrarme en mi compañía? ¿Soy una persona con quien me gusta estar? ¿Disfruto con mis pensamientos? ¿Me río conmigo? ¿Amo mi cuerpo? ¿Me siento feliz de estar conmigo?

Si no tengo una buena relación conmigo, ¿cómo puedo tenerla con otra persona? Si no me amo, siempre estaré buscando a alguien que me complete, que me haga feliz, que haga realidad mis sueños.

Atraer relaciones sanas

Estar «necesitado» es la mejor manera de atraerse malas relaciones. El doctor Wayne Dyer escribe: «En cualquier relación en la que dos personas se convierten en una, el resultado final son dos medias personas». Si esperamos que otra persona nos «arregle» la vida, o que sea nuestra «mejor mitad», disponemos las cosas para el fracaso. Es necesario que seamos realmente felices con nosotros mismos antes de iniciar una relación de pareja. Es necesario que seamos lo suficientemente felices para ni siquiera necesitar una relación para ser feliz.

De igual modo, si tenemos una relación con una persona que no se ama a sí misma, es imposible que realmente la contentemos. Nunca vamos a «valer lo suficiente» para una persona insegura, frustrada, celosa, rencorosa o que se odia a sí misma. Con mucha frecuencia hacemos lo imposible por agradar y ser valorados por parejas que no tienen idea de cómo aceptar nuestro amor, porque estas personas no se aman a sí mismas. La vida es un espejo. Siempre atraemos a personas que reflejan características nuestras, o las creencias que tenemos respecto a nosotros mismos y a las relaciones. Lo que los demás piensan de nosotros es su propia perspectiva limitada de la vida. Hemos de aprender que la Vida siempre nos ha amado incondicionalmente.

Las personas celosas son muy inseguras; no se valoran a sí mismas. No tienen fe en su valía personal. Lo que realmente dicen los celos es: «No valgo lo suficiente, no merezco que me amen; por lo tanto, sé que mi pareja me va a engañar o me va a dejar por otra persona». Esto genera rabia y acusaciones. Estar con una persona celosa es decir que uno no se merece una relación de amor.

Muchas veces ocurre lo mismo en las parejas en que hay malos tratos. Estas personas o bien se criaron en una familia donde los malos tratos eran lo normal y continúan con el comportamiento familiar, o acusan al mundo y a su pareja de su falta de valía personal. Los cónyugues violentos nunca dejan de serlo a no ser que hagan terapia. Generalmente tienen un progenitor contra el que guardan un profundo rencor. El perdón es fundamental para ellos.

Deben comprender de dónde procede su comportamiento y estar dispuestos a cambiar.

La influencia de nuestros padres

Todas mis relaciones están basadas en la relación que tuve con mis padres. Fue una enorme impresión para mí descubrirlo. Una vez fui a un «Taller de Relaciones de Amor» dirigido por Sondra Ray, con la esperanza de atraer una relación amorosa. Me quedé consternada al enterarme de que íbamos a trabajar nuestra relación con nuestros padres. Pero al final del taller, ya había comprendido que muchos de los problemas que tenía en mis relaciones personales se debían a la infancia que tuve, que fue muy difícil.

Los malos tratos que habíamos soportado mi madre y yo, el abandono y la falta de amor de mi niñez, todo eso se transfería a mis relaciones actuales. No era extraño que siempre atrajera a hombres violentos, que siempre me abandonaran, que siempre sintiera que no era deseada ni amada, que siempre tuviera jefes que me asustaban. Simplemente estaba viviendo lo que aprendí de niña. Ese taller fue importantísimo para mí. En él liberé una gran cantidad de resentimiento y aprendí a trabajar en el perdón. Mi relación conmigo misma mejoró enormemente. Nunca volví a atraer a un hombre que me maltratara.

Así pues, en lugar de decir «Los hombres son malos» o «Las mujeres son malas», miremos la relación que tuvimos con nuestros padres y la que ellos tenían entre sí.

Por ejemplo, ¿qué quejas tienes actualmente de los

hombres o de las mujeres que forman parte de tu vida? Piensa cómo llenarías los espacios en blanco de las frases siguientes:

Él nunca _____

Él siempre _____

Ella nunca _____

Ella siempre _____

Los hombres no _____

Las mujeres no _____

¿Era así como tu padre o tu madre se portaba contigo? ¿Te trataba así tu padre o tu madre? ¿Describe esto la manera como tu padre trataba a tu madre? ¿Cómo se expresaba el amor en tu casa cuando eras niño o niña?

Es posible que tengas que recordar la relación que tuviste en tu infancia con tu padre o tu madre para resolver los miedos profundamente arraigados que rodean una relación actual. Pregúntate: ¿A qué he de renunciar en una relación? ¿De qué modo «me pierdo» cuando tengo una relación? ¿Cuáles de los mensajes que recibí en mi infancia me originaron la creencia de que las relaciones son dolorosas?

Afirma tu amor por ti

Tal vez te cuesta muchísimo fijar límites y la gente tiende a aprovecharse de ti. Quizá envías un mensaje que dice: «No me valoro ni me respeto. Está bien que me maltrates y te aproveches de mí». Pero esto no tiene por qué seguir siendo así. Hoy mismo comienza a afirmar tu amor y respeto por ti. Mírate con frecuencia en el espejo y afirma: «Te quiero». Por simple que parezca, es una afirmación sanadora muy poderosa. A medida que aumenta nuestro amor por nosotros mismos, nuestras relaciones comienzan a reflejar ese amor y también el respeto.

Tal vez te convendría considerar la idea de unirte a un grupo de apoyo, para personas codependientes o hijos de padres alcohólicos, por ejemplo. Son grupos fabulosos que te ayudarán a establecer límites en tus relaciones y a volver a conectar con el amor y respeto por ti que llevas dentro. Busca en la guía telefónica a ver si encuentras algún grupo de apoyo que te quede cerca.

Me complace constatar que los grupos de autoayuda se están convirtiendo en la nueva norma social; se unen personas con problemas similares para encontrar soluciones. Si conoces a personas que pertenecen a alguno de estos grupos, sabrás que si bien pueden tener algunos problemas, están trabajando para mejorar la calidad de su vida.

Yo creo que desarrollamos «zonas de comodidad» en nuestras relaciones con los demás. Estas zonas se forman cuando somos muy pequeños. Si nuestros padres nos trataron con amor y respeto, entonces asociamos esta forma de tratar con la sensación de ser amados. Si, como nos ocurrió a muchos de nosotros, nuestros padres eran incapaces de tratarnos con amor y respeto, entonces aprendemos a sentirnos cómodos con esta carencia. En un esfuerzo por satisfacer nuestras necesidades, por sentirnos amados y cuidados, asociamos el hecho de ser tratados mal con la sensación de ser amados. Esto se convierte en nuestra pauta de conducta, y al haberse formado en la niñez, se transforma en el comportamiento que inconscientemente adoptamos en todas nuestras relaciones.

Creer que el hecho de que te traten mal significa que te quieren, no es patrimonio de ninguno de los dos sexos. Yo creo que este tipo de comportamiento disfuncional se reconoce más en las mujeres porque culturalmente a las mujeres se las anima a expresar vulnerabilidad, y por lo tanto estamos más dispuestas a reconocer cuándo nuestra vida no funciona bien. Sin embargo, las cosas están cambiando, ya que cada vez hay más hombres dispuestos a volver a conectar con su vulnerabilidad. *Women Who Love Too Much*, de Robin Norwood,* es un excelente libro sobre relaciones. También recomiendo el álbum de cintas *Making Relationships Work* [Cómo hacer que las relaciones funcionen], de Barbara De Angelis. Una buena afirmación para todos es: «Abro mi corazón al amor; estoy a salvo».

El trabajo más importante lo hacemos en nosotros mismos. Desear que cambie nuestra pareja es una forma sutil de manipulación, un deseo de tener poder sobre ella o él. Incluso podría ser una actitud santurrona, ya que expresa la idea de que somos mejores que nuestra pareja. Permite que la persona que amas sea como elija ser. Aliéntala a que

---

* Hay traducción al castellano: *Las mujeres que aman demasiado*, Javier Vergara, Buenos Aires, 1986. *(N. del E.)*

se explore y descubra a sí misma, a que se ame, se acepte y se valore.

Encontrar el amor

Si andas en busca de pareja, te sugiero que hagas una lista de todas las cualidades que te gustaría que tuviera esa persona. No te limites a «alto, moreno y guapo» o «simpática, rubia y bonita». Anota «todas» las cualidades que deseas en esa persona. Después repasa la lista y ve cuántas de esas cualidades las posees tú. ¿Estás dispuesto o dispuesta a cultivar las que te faltan? Después pregúntate también qué ideas hay en tu interior que podrían estar impidiendo o retrasando que atraigas a esa persona hacia ti. ¿Realmente quieres cambiar esas creencias?

¿Hay todavía una parte de ti que cree que eres indeseable o que no mereces que te amen? ¿Tienes algún hábito o creencia que te aleja del amor? ¿Hay una parte de ti que dice: «No deseo tener jamás un matrimonio como el de mis padres, y por lo tanto no me enamoraré»?

Tal vez tienes una sensación de soledad o aislamiento. Es muy difícil que nos sintamos conectados con otras personas cuando en gran parte estamos desconectados de nosotros mismos. En este caso es necesario que nos dediquemos un tiempo a nosotros mismos, inmediatamente. Conviértete en tu mejor amigo o amiga. Redescubre lo que te hace feliz, lo que te gusta hacer; mímate. Muchas veces buscamos a otras personas para que nos hagan sentir amados y conectados, cuando lo único que estas personas pueden hacer es reflejar nuestra relación con nosotros mismos.

¿Qué crees que te mereces en una relación íntima? Cuando se trata de sentimientos, si nunca logramos obtener lo que verdaderamente deseamos, en general eso quiere decir que nuestras creencias nos dicen que «no nos lo merecemos». ¿Es eso lo que realmente crees de ti y por ello no logras tener lo que de verdad deseas? Esa determinada pauta mental ya no tiene por qué seguir siendo cierta para ti. Puedes comenzar a cambiarla hoy mismo.

Haz unas cuantas listas de tus creencias, por ejemplo: Lo que creo de los hombres; de las mujeres; del matrimonio; del compromiso; de la fidelidad; de la confianza, y de los niños. Estas listas te mostrarán cualquier creencia negativa que necesites cambiar. Tal vez te sorprenda descubrir algunos de los mensajes que están ocultos en tu conciencia. Elimínalos, y te maravillará lo distinta que será tu siguiente relación.

Es interesante observar que muchísimos videntes dicen que la mayoría de las personas que acuden a ellos les hacen por lo menos una de estas tres preguntas, que las escuchan una y otra vez: ¿Cómo puedo tener una relación de pareja? ¿Cómo puedo librarme de esta relación? ¿Cómo puedo aumentar mis ingresos?

Si tienes una relación que realmente deseas que se acabe, usa el poderoso método de Bendecir con Amor. Afirma: «Te bendigo con amor y te libero de mi vida. Eres libre y yo soy libre». Repite esta afirmación con frecuencia. Después has de tener muy claro qué deseas en una relación. Haz una lista si es necesario. Mientras tanto trabaja sin cesar en amarte a ti. Ama y acepta a la otra persona totalmente, tal como es. A medida que cambies y crezcas en tu interior, verás que una de estas dos cosas ocurre automáticamente. La otra persona cambia y se adapta a tus deseos o desaparece de tu vida. En el segundo caso, la transición será apacible. Siempre comienza por amarte y valorarte tú, y todo lo demás cambiará. Haz esta afirmación: «Ahora descubro el ser maravilloso que soy. Elijo amarme y disfrutar conmigo».

Es muy importante limpiar y resolver las relaciones pasadas para comprometerse en una nueva. Si te pasas el día hablando y pensando en tu último amor, aún no estás libre para iniciar una nueva relación. A veces idealizamos a un amor anterior para protegernos de ser vulnerables en el momento presente. En su libro *Volver al amor,** Marianne Williamson nos ofrece este maravilloso barómetro para nuestras decisiones; afirma que en todas nuestras relaciones «o bien nos acercamos al amor o nos alejamos de él». Para estar plenamente vivos y felices, es necesario que tomemos decisiones que nos acerquen al amor.

Mientras trabajas en resolver los obstáculos que se interponen entre tú y tu relación de pareja, ejercítate en ser tu propio amante. Invítate al romance y al amor. Demuéstrate lo especial que eres. Mímate. Recompénsate con pequeños actos de amabilidad y aprecio. Cómprate flores, rodéate de los colores, texturas y aromas que más te complacen. La vida siempre refleja los sentimientos que tenemos dentro. A medida que aumente tu sensación de amor

---

* Publicado en castellano por Ediciones Urano, Barcelona, 1993.

y romance, la persona ideal para compartir tu creciente sentimiento de intimidad se sentirá atraída hacia ti como si fueras un imán. Y lo más importante es que no tendrás que renunciar a ninguna parte de tu intimidad para estar con esa persona.

El fin de una relación

El fin de un romance suele ser un periodo muy doloroso. Nos decimos continuamente «Valgo muy poco» y nos castigamos. Pensamos que el hecho de que la otra persona ya no desee estar con nosotros significa que no valemos lo suficiente, y muchas veces nos hundimos en una profunda desesperación. Pero no es verdad que no valgamos lo suficiente. Todas las relaciones son experiencias de aprendizaje. Nos unimos y compartimos energía y experiencias durante un tiempo. Juntos aprendemos lo que podemos. Después llega el momento de separarnos. Es normal y natural.

No te aferres a una relación romántica ya desgastada simplemente para evitar el dolor de la separación. No aceptes malos tratos físicos o emocionales simplemente para estar con una persona. Jamás tendrás una vida plena y satisfactoria si te aferras a viejas experiencias. Cuando permitimos que nos traten sin respeto, decimos: «No merezco que me amen, de modo que tengo que continuar aquí y aceptar este comportamiento. No soporto la soledad (estar a solas conmigo) y sé que jamás encontraré otra relación». Estas afirmaciones negativas te hunden. En lugar de hacer eso, escucha las señales.

Cuando una relación se acaba, la Vida te da la oportunidad de una nueva experiencia. Ese puede ser un tiempo para agradecer, para reconocer y apreciar todos los momentos felices que pasasteis juntos, y para valorar todas las experiencias de aprendizaje. Después puedes liberar a esa persona con amor y dar el siguiente paso en tu vida. Es un tiempo para amarte con ternura y comprensión. No es el fin del mundo; es el comienzo de una nueva fase. Sintiendo amor por ti, esta nueva época de tu vida puede ser mucho más maravillosa que la que acaba de terminar.

Afirmaciones para las relaciones

He venido aquí a aprender que sólo hay amor.

Estoy descubriendo el ser maravilloso que soy.

Elijo amarme y disfrutar conmigo.

*Como creación magnífica de un Dios amoroso, soy
una persona infinitamente amada y acepto este amor.*

*Me abro para recibir una maravillosa relación
de amor.*

*Al tener pensamientos amorosos y que me apoyan,
me creo una relación amorosa y que me apoya.*

Abro mi corazón al amor.

Estoy a salvo cuando expreso amor.

Me llevo bien con todo el mundo.

Dondequiera que esté hay alegría y risas.

Me relaciono con el corazón.

Los demás me aman y yo amo a los demás.

Estoy en armonía con la vida.

Siempre tengo la pareja perfecta.

Estoy a salvo y en lugar seguro cuando me amo.

Tengo una relación armoniosa con la vida.

* * *

La vida me ama y estoy a salvo

A todas las personas que forman parte de mi vida las envuelvo en un círculo de amor, sean hombres o mujeres. En él están mis amigos, mis seres queridos, mis compañeros de trabajo y todas las personas de mi pasado. Afirmo que tengo una relación maravillosa y armoniosa con todos, que hay un respeto y un cuidado mutuos entre nosotros. Vivo con dignidad, paz y alegría. Amplío mi círculo de amor para envolver a todo el planeta, y este amor vuelve a mí multiplicado. En mi interior hay un amor incondicional y lo expreso a todo el mundo. Mi amor incondicional me incluye a mí, porque sé que me lo merezco. Me amo, me aprecio y me valoro. ¡Y así es!

* * *

Cinco

Disfruto de todo trabajo que hago.

Los comienzos de mi vida laboral

Cuando me marché de casa, supe de un trabajo en un bar de bebidas alcohólicas. Recuerdo que el jefe me dijo que el trabajo era muy pesado, que tendría mucho que fregar y limpiar; me preguntó si sería capaz de hacerlo. Lógicamente dije que sí, porque de verdad deseaba trabajar. Al acabar el primer día, recuerdo que pensé: «¿Y a esto llama él trabajo pesado?». No era nada comparado con todo lo que tenía que hacer en casa.

El trabajo me duró dos semanas porque mis padres me encontraron y me obligaron a volver a casa. Mi jefe lamentó mi marcha porque era muy buena trabajadora. Cuando volví a trabajar, subí un poco de categoría: de camarera en una pequeña cafetería. Ya había varias camareras, y me pusieron a lavar los platos detrás de la barra. Yo era tan ingenua y poco mundana que creí que las propinas eran para mí, y me las fui metiendo en el bolsillo. Al acabar el día, las otras camareras lo descubrieron, se encararon conmigo y me exigieron sus propinas. Me sentí muy avergonzada. Ciertamente, no era una buena manera de comenzar un trabajo. Ese puesto tampoco me duró demasiado.

En esa época de mi vida yo era tan cándida que carecía en absoluto de gracia para moverme en sociedad. La primera vez que fui a un pequeño restaurante me asusté tanto que salí corriendo como una histérica. En mi casa había aprendido a trabajar arduamente, pero no me habían enseñado nada sobre el mundo exterior.

Entre mi ignorancia y mi falta de autoestima, pasé por

121

una larga serie de trabajos mal remunerados. Trabajé en *drugstores*, en tiendas de artículos baratos y en el depósito de mercancías de unos grandes almacenes. Aunque mi sueño era ser una estrella de cine o una bailarina, no tenía idea de cómo lograrlo. Cualquier trabajo de nivel superior al que hacía era un sueño lejano. Tal era mi falta de educación que hasta el trabajo de secretaria quedaba por encima de mis capacidades.

Entonces, un buen día, la Vida dio un giro interesante. Tenía un trabajo en Chicago en el que ganaba 28 dólares semanales. No recuerdo por qué una mañana entré en el estudio de danza de Arthur Murray, pero lo hice, y un hábil vendedor me vendió lecciones de baile por 500 dólares. Cuando llegué a casa esa noche no podía creer lo que había hecho. Estaba aterrorizada. Al día siguiente, después de salir del trabajo volví al estudio y les confesé mi pobreza.

—Ah, pero ha firmado un contrato —me dijeron— y debe pagarnos el dinero. No obstante, tenemos un puesto vacante de recepcionista. ¿Cree que podría hacerlo?

Me iban a pagar 10 dólares más de lo que yo ganaba por semana. Era un estudio inmenso, con más de 40 profesores. Trabajábamos desde las 10 de la mañana hasta las 10 de la noche, y siempre hacíamos las comidas juntos. A los dos días descubrí que era capaz de llevar el control de los horarios de los profesores, cobrar las cuotas y hacer todas las presentaciones. Me había incorporado a la vida social y jamás me lo había pasado tan bien en un trabajo en mi vida. Ese fue un fabuloso punto decisivo en mi vida.

Después del trabajo en el estudio de danza de Arthur Murray me trasladé a Nueva York y me convertí en modelo. Pero en realidad no tuve una sensación de valía personal ni autoestima hasta que comencé a trabajar en mí misma para liberarme de las creencias negativas de mi infancia. En esos días no tenía ni idea de cómo cambiar mi situación. Ahora sé que tenía que hacer primero el trabajo interior. Por muy atascados que estemos, siempre podemos hacer cambios positivos.

Bendice tu trabajo con amor

Tal vez tienes un trabajo en el que sientes que no avanzas, o quizá lo detestas, o te da la impresión de que simplemente te ocupas tu tiempo para llevar dinero a casa. Bueno, pues hay cosas que puedes hacer para lograr cambios positivos. Estas ideas te pueden parecer tontas o muy simples, pero sé que dan resultado. He visto a incontables personas mejorar de este modo su situación laboral.

El método más poderoso que puedes usar para transformar una situación es el de *bendecir con amor*. Sea cual sea el lugar donde trabajes, o lo que sientas por él, ¡bendícelo con amor!, y lo digo literalmente. Di: «Bendigo mi trabajo con amor».

Y no te pares ahí. Bendice con amor el edificio, todo lo que hay dentro de él, tu escritorio si lo tienes, el mostrador si trabajas detrás de uno, las diversas máquinas que utilizas, los productos, los clientes, tus compañeros, tus jefes y todo lo demás relacionado con ese trabajo. Esto hará maravillas.

Si hay una persona en el trabajo con la que tienes problemas, usa tu mente para cambiar la situación. Haz esta afirmación: «Tengo una relación maravillosa con todas las personas que trabajan aquí, incluyendo a ....». Cada vez que te venga a la mente esa persona, repite la afirmación. Te sorprenderá ver cómo mejora la situación. Puede llegarte una solución que ni siquieras te imaginas en estos momentos. Tú pronuncia las palabras y después deja que el Universo encuentre la manera de arreglar las cosas.

Si deseas un nuevo trabajo, entonces, además de bendecir con amor tu trabajo actual, añade la afirmación: «Dejo libre este trabajo con amor para otra persona que se sentirá feliz de trabajar aquí». Ese trabajo era el ideal para ti cuando lo conseguiste. Era el perfecto reflejo de tu sentido de valía personal en esos momentos. Ahora has crecido y avanzas hacia algo mejor, y tu afirmación es: «Sé que hay personas que andan buscando exactamente lo que yo ofrezco. Ahora acepto un trabajo en el que se aproveche todo mi talento y mis capacidades creativas. Este trabajo es profundamente gratificante, y es una alegría para mí ir a trabajar cada día. Trabajo con y para personas que me aprecian y valoran. Hay luz y aire en el lugar, y está lleno de entusiasmo. Se encuentra en el sitio perfecto, y me proporciona buenos ingresos, por lo cual siento un profundo agradecimiento».

Si detestas tu trabajo actual, ese sentimiento de odio va a ir siempre contigo. Aun en el caso de que encuentres un trabajo mejor, al poco tiempo también lo odiarás. Sean cuales fueren los sentimientos que tienes en tu interior ahora, los llevarás a tu nuevo lugar de trabajo. Si vives en un mundo de insatisfacción, encontrarás ese mundo adondequiera que vayas. Has de cambiar tu conciencia para poder ver resultados positivos en tu vida. Entonces, cuando encuentres un nuevo trabajo, será bueno, lo apreciarás, lo valorarás y lo disfrutarás.

Así pues, si detestas el trabajo que tienes, tu afirmación es: «Amo el lugar donde trabajo. Siempre consigo los mejores trabajos, en los que todo el mundo me valora». Afirmando esto continuamente te crearás una nueva ley personal. El Universo tendrá que responderte con la misma moneda. La vida siempre va a elegir los canales más apropiados para brindarte lo bueno, si tú se lo permites.

Haz lo que te gusta hacer

Si te educaron en la creencia de que hay que «trabajar arduamente» para ganarse la vida, ya es hora de que dejes marchar esa creencia. Haz esta afirmación: «El trabajo es fácil y es una diversión para mí», o «Disfruto haciendo mi trabajo». Ve repitiendo tu afirmación hasta que tu conciencia cambie. Haz lo que te gusta y te llegará el dinero. Ama lo que haces y te llegará el dinero. Tienes derecho a ganar dinero y disfrutar haciéndolo. Tu responsabilidad con la Vida es participar en actividades agradables. Cuando busques la manera de hacer algo que te gusta, la Vida te mostrará el camino hacia la prosperidad y la abundancia. Esta actividad casi siempre es alegre y placentera. Nuestro guía interior nunca nos da «deberes». La finalidad de la vida es jugar, divertirse. Cuando el trabajo se transforma en juego y diversión, es agradable y gratificante. Las actitudes negativas hacia el trabajo generan toxinas en el cuerpo.

Si te han despedido, por favor, supera tu amargura lo más rápido que puedas, porque la amargura no va a aportar nada bueno a la vida. Afirma con frecuencia: «Bendigo al que fue mi jefe con amor. De esto sólo sacaré algo bueno. Ahora avanzo hacia mi mayor bien. Estoy a salvo y todo está bien». Y después haz la afirmación para conseguir un nuevo trabajo.

Lo importante no es lo que nos ocurre, sino cómo reaccionamos. Si la vida te da limones, haz una limonada. Si los limones están podridos, quítales las semillas y siémbralas, para que puedan crecer nuevos limones. También puedes hacer con ellos un fertilizante orgánico.

A veces, cuando estamos muy cerca de cumplir nuestros sueños, nos asustamos tanto de tener lo que deseamos que comenzamos a sabotearnos. Por difícil que resulte imaginárselo, hacemos esto en un erróneo esfuerzo por protegernos. Realizar un cambio muy grande, como tener el trabajo ideal o excelentes ingresos, puede ser realmente aterrador. ¿Y si fracaso? ¿Y si caigo mal a la gente? ¿Y si no soy feliz?

Estas preguntas las hace aquella parte de ti que tiene mucho miedo de que tus sueños se conviertan en realidad. Muchas veces la clave de nuestros miedos está en nuestro niño interior. Ya es hora de que seamos cariñosos, pacientes y amables con nosotros mismos. Tranquiliza a tu niño interior, ámalo, haz que se sienta a salvo. Un libro fabuloso que puede ayudarte a acceder a esos miedos y sentimientos interiores es *Recovery of Your Inner Child* [Recupera a tu niño interior], de Lucia Capaccione. Habla de técnicas para llevar un diario, con el fin de favorecer la curación y la liberación. Haz con frecuencia esta afirmación: «Estoy a salvo en el Universo; toda la vida me ama y me apoya».

Tus pensamientos pueden ayudarte a conseguir el trabajo perfecto

No te inmovilices en la creencia de que es difícil conseguir un trabajo. Eso puede ser cierto para muchas personas, pero no tiene por qué serlo para ti. Sólo necesitas un trabajo. Tu clara conciencia te abrirá el camino. Son demasiadas las personas que tienen mucha fe en el miedo. Cuando ocurre un cambio en la economía del país, los medios de comunicación inmediatamente creen en todos los aspectos negativos y no paran de hablar de ellos. Lo que hay y aceptas en tu conciencia se convierte en realidad para ti.

Cuando oigas hablar de tendencias negativas en los negocios o en la economía, afirma inmediatamente: «Eso puede ser cierto para algunas personas, pero no para mí. Yo siempre prospero, esté donde esté o pase lo que pase». Al pensar y decir eso te creas tus experiencias futuras. Vigila mucho lo que dices respecto a tu prosperidad. Siempre tienes la opción de elegir entre una mentalidad de pobreza o una mentalidad de prosperidad. Durante al menos una semana fíjate en cómo hablas del dinero, del trabajo, de tu profesión, de la economía, del ahorro y de la jubilación. Escúchate. Cerciórate de que tus palabras no te estén creando pobreza ahora o para el futuro.

Otra cosa que puede contribuir a crear una mentalidad de pobreza es la falta de honradez, en cualquiera de sus formas. Muchas personas creen que es normal y natural llevarse a casa grapas y otros artículos de la oficina o de cualquiera que sea el lugar donde trabajan. Se olvidan o no son conscientes de que lo que «robamos» a la Vida, ella nos lo quitará. Robar, aunque sea lo más insignificante, es decirle a la Vida que no podemos permitirnos comprarlo, y eso nos mantiene atascados en la limitación.

Cuando le robas a la Vida, la Vida siempre te quita más. Podrías robar grapas y perderte una importante llamada telefónica. Podrías robar dinero y perder una relación. La última vez que robé algo (en 1976) fue un sello, y se perdió un cheque de 300 dólares que me habían enviado por correo. Fue una manera bastante cara de aprender una lección, pero a la larga bien ha valido la pena. De modo que si el dinero es un gran problema para ti, mira a ver dónde puedes estar deteniendo el flujo. Si has cogido algo del trabajo, devuélvelo. Jamás prosperarás mientras no lo hagas.

La Vida nos provee en abundancia de todo lo que necesitamos para sustentarnos. Cuando admitimos este concepto y lo incorporamos a nuestro sistema de creencias, entonces experimentamos una mayor prosperidad y abundancia en nuestra vida.

Tal vez estás considerando la posibilidad de crear tu propia empresa; te gusta la idea de ser tu propio jefe y cosechar todos los beneficios. Esto es maravilloso si tienes el carácter adecuado. Pero no abandones tu trabajo para lanzarte por tu cuenta mientras no hayas explorado verdaderamente todos los aspectos laterales. ¿Eres capaz de motivarte para trabajar si no tienes a nadie que te vigile o supervise? ¿Estás dispuesto o dispuesta a trabajar 10 o 12 horas diarias durante el primer año? Las nuevas empresas necesitan la dedicación del propietario hasta que hay beneficios suficientes para contratar a otras personas. Yo trabajé 10 horas diarias los siete días de la semana durante mucho tiempo.

Siempre sugiero comenzar una nueva empresa a tiempo parcial. Trabaja en este proyecto después de las horas normales de trabajo y los fines de semana hasta tener seguridad de que eso es lo que deseas. Asegúrate de que el negocio te va a dar suficientes beneficios para vivir antes de dejar de contar con un salario regular. Yo comencé mi editorial con un libro y una cinta magnetofónica. Trabajaba en mi dormitorio con la única ayuda de mi madre, de 90 años. Por la noche preparábamos los envíos de libros y cintas. Tardé dos años en tener beneficios suficientes para contratar un ayudante. Era una actividad suplementaria agradable, pero pasó mucho tiempo antes de que Hay House se convirtiera en un verdadero negocio.

Así pues, cuando empieces a tener ganas de montar tu propio negocio, haz esta afirmación: «Si esta empresa ha de ser para mi mayor bien y mi máxima alegría, entonces que avance con facilidad y sin esfuerzos». Mira con atención a tu alrededor para ver todos los signos. Si surgen retrasos y obstáculos, comprende que ese no es el momento para continuar adelante. Si todo encaja y cobra sentido con facilidad, entonces, adelante, pero a tiempo parcial al principio. Siempre puedes expandirte, pero a veces es difícil dar marcha atrás.

¡VIVIR!

Si te preocupan los jefes, los colaboradores, los clientes, el lugar de trabajo, el edificio o cualquier otro aspecto de tu nueva empresa, recuerda que eres tú quien hace tus leyes personales con respecto a tu carrera profesional. Cambia tus creencias y cambiarás tu vida laboral.

Recuerda: «tú» decides cómo quieres que sea tu vida laboral. Crea afirmaciones positivas para lograrlo. Y repítelas con frecuencia. ¡Puedes tener la vida laboral que deseas!

Afirmaciones para mejorar tu vida laboral

*Siempre trabajo para personas que me respetan y me
pagan bien.*

Siempre tengo jefes maravillosos.

*Me llevo bien con todos mis compañeros de trabajo,
en un ambiente de mutuo respeto.*

En el trabajo todos me quieren.

*Siempre atraigo a los clientes más simpáticos, y es
una alegría servirlos.*

Es un placer estar en mi lugar de trabajo.

Me gusta la belleza que me rodea en el trabajo.

*Es un placer venir a trabajar; me encanta el barrio,
porque es agradable y seguro.*

Me resulta fácil encontrar trabajo.

El trabajo siempre me llega cuando lo necesito o deseo.

*Siempre rindo el ciento por ciento en el trabajo,
y esto es muy apreciado.*

Los ascensos me llegan con facilidad.

Mis ingresos aumentan constantemente.

Mi empresa se expande más allá de mis expectativas.

Atraigo más negocios de los que puedo manejar.

Hay abundancia para todos, incluyéndome a mí.

¡VIVIR!

Mi trabajo es gratificante y satisfactorio.

Soy feliz en mi trabajo.

Mi profesión es fabulosa.

* * *

Estoy a salvo en el mundo de los negocios

Sé que los pensamientos de mi mente son los responsables de mis condiciones laborales, de modo que elijo conscientemente mis pensamientos, para que sean positivos y me apoyen. Elijo la mentalidad de prosperidad, y por lo tanto, soy una persona próspera. Elijo pensamientos armoniosos, por lo tanto trabajo en un ambiente armonioso. Por la mañana me encanta levantarme, sabiendo que hoy tengo un importante trabajo que hacer. Mi trabajo es estimulante y profundamente gratificante. Mi corazón se enciende de orgullo cuando pienso en el trabajo que hago. Siempre tengo trabajo; soy una persona productiva. La vida es buena. ¡Y así es!

* * *

Seis

Cuerpo, mente y ¡espíritu!

---

*Avanzo por mi camino espiritual a la
velocidad más adecuada para mí.*

Confía en tu sabiduría interior

En el centro profundo de nuestro ser hay un manantial infinito de amor, de alegría, de paz y de sabiduría. Eso es cierto para todos y cada uno de nosotros. Sin embargo, ¿con cuánta frecuencia conectamos con esos tesoros interiores? ¿Una vez al día? ¿De vez en cuando? ¿O simplemente ignoramos que los tenemos?

Cierra los ojos un momento y conecta con esa parte de ti. Sólo tardas una respiración en llegar a tu centro. Ve a esa infinita fuente de amor de tu interior. Siente ese amor; permítele crecer y expandirse. Ve a esa infinita fuente de alegría de tu interior. Siente esa alegría; permítele crecer y expandirse. Ahora ve a esa infinita fuente de paz de tu interior. Siente esa paz; permítele crecer y expandirse. Ahora ve a esa infinita fuente de sabiduría de tu interior, esa parte de ti que está totalmente conectada con toda la sabiduría del Universo (pasado, presente y futuro). Confía en esa sabiduría; permítele crecer y expandirse. Cuando hagas otra respiración y vuelvas al sitio en que estás conserva el conocimiento, conserva el sentimiento. Muchas veces al día hoy, y muchas, muchas veces al día mañana y todos los días de tu vida, acuérdate de los tesoros que están siempre dentro de ti, a sólo una respiración de distancia.

Estos tesoros forman parte de tu conexión espiritual y son fundamentales para tu bienestar. Cuerpo, mente y espíritu: es necesario que estemos equilibrados en estos tres planos. Un cuerpo sano, una mente feliz y una fuerte y buena conexión espiritual son indispensables para lograr un equilibrio y una armonía globales.

Uno de los mayores beneficios de una fuerte conexión espiritual es que podemos tener una vida maravillosa, creativa y gratificante. Y automáticamente nos liberamos de las muchas cargas que la mayoría de las personas llevamos a cuestas.

Ya no necesitamos tener miedo ni vivir con vergüenza o culpa. Cuando sentimos nuestra unión con toda la Vida, abandonamos la ira, el odio, los prejuicios y la necesidad de criticar. Cuando formamos una unidad con el poder sanador del Universo, ya no necesitamos la enfermedad. Además, yo creo que somos capaces de invertir el proceso del envejecimiento. Las cargas que nos envejecen debilitan nuestro espíritu.

Podemos cambiar el mundo

Si cada uno de los lectores de este libro se dedicara diariamente a entrar en contacto con sus tesoros interiores, literalmente cambiaríamos el mundo. Las personas que viven la verdad cambian el mundo. Porque la verdad de nuestro ser es que estamos llenos de amor incondicional, de una extraordinaria alegría, de una serena paz. Estamos conectados con la sabiduría infinita.

Lo que necesitamos es saberlo y vivirlo. Hoy nos preparamos mentalmente para mañana. Los pensamientos que tenemos, las palabras que decimos, las creencias que aceptamos, configuran nuestro mañana. Cada día, frente a un espejo, afirma: «Estoy lleno de amor incondicional y lo expreso hoy. Estoy lleno de alegría y la expreso hoy. Estoy lleno de paz y la comparto hoy. Estoy lleno de una infinita sabiduría y la practico hoy. Y esta es mi verdad». ¡Es una poderosa manera de comenzar el día! Y ciertamente que tú puedes hacerlo.

Nuestra conexión espiritual no necesita ningún intermediario, como podría ser una iglesia, un guru o una religión. Podemos orar y meditar solos con bastante facilidad. Las iglesias, los gurus y las religiones están bien si apoyan a las personas. Pero es importante que sepamos que todos estamos directamente conectados con la fuente de toda la vida. Cuando establecemos una conexión consciente con esa fuente, nuestra vida fluye de un modo maravilloso.

Así pues, ¿cómo podemos conectarnos? (aunque sería mejor decir reconectarnos, porque todos estábamos bien conectados cuando llegamos a este mundo). Quizá nuestros padres habían perdido su conexión y nos enseñaron que estábamos solos y perdidos en la vida. Tal vez los padres de nuestros padres habían elegido una religión que daba poder al sacerdocio y no a los fieles. Existen varias religiones que nos dicen: «Nacimos pecadores e inferiores a los gusanos de la tierra». También hay religiones que denigran a las mujeres y/o a ciertas clases o grupos de personas. Estas son algunas de nuestras formas de olvidar quiénes somos realmente: expresiones divinas y magníficas de la Vida.

Sin embargo, nuestra alma siempre busca un mayor crecimiento e integración, la oportunidad de sanar y de expresar todo lo que somos. A veces resulta muy difícil comprender los métodos que utiliza el alma para favorecer nuestro crecimiento. Nuestra personalidad, esa parte que asumimos para participar en este mundo, tiene ciertas expectativas y necesidades. Nos asustamos, nos resistimos y a veces nos enfurecemos cuando no se satisfacen inmediatamente esas expectativas (el progreso material, por ejemplo). Es en esos momentos, más que en ningún otro, cuando hemos de aferrarnos a la fe de que hay un poder superior que está trabajando en nuestra vida y que si nos abrimos y estamos dispuestos a crecer y cambiar, todo se va a solucionar para nuestro mayor bien.

Con frecuencia nuestros momentos más dolorosos, esas veces que exigen el máximo esfuerzo a nuestra personalidad, son las circunstancias que nos ofrecen las mayores oportunidades de crecimiento. Estas son ocasiones para desarrollar nuestra autoestima y una mayor confianza en nosotros mismos. Puede ser o no un consuelo saber que son muchas las personas que experimentan contratiempos parecidos en su vida. Estamos en un lugar de crecimiento acelerado en este planeta. Ahora más que nunca es el momento de ser más cariñosos y pacientes con nosotros mismos. No te resistas a ninguna oportunidad de crecer. En los momentos de dificultad es importante que practiquemos la gratitud y la bendición tanto como podamos.

El dolor es siempre la resistencia de la personalidad a un nuevo crecimiento. Nos resistimos mucho a cambiar, porque no confiamos en que, fundamentalmente, la Vida funciona a la perfección y en que estamos exactamente donde necesitamos estar, experimentando exactamente lo que nos hace falta para crecer y desarrollar todo nuestro potencial, porque somos seres maravillosos en un Universo magnífico. Siempre estamos en un proceso de crecimiento positivo.

Los acontecimientos de nuestra vida sólo son experiencias. Y nuestras experiencias no son nuestra identidad ni nuestra valía personal. No hemos de centrar la atención en la experiencia. Por ejemplo, no hemos de decir: «Soy un fracaso», sino: «He tenido una experiencia de fracaso y ahora me estoy recuperando». El crecimiento es simplemente cambiar el modo de ver las cosas.

La vida es un proceso de aprendizaje. Estamos aquí en la Tierra para aprender y crecer. No saber no es un delito, sino simplemente ignorancia o falta de entendimiento. De modo que no tenemos que juzgarnos ni juzgar a los demás por no saber. La vida siempre superará nuestra capacidad de entenderla. Todos estamos creciendo y adquiriendo más entendimiento. Sin embargo, jamás lo «sabremos todo».

Quedarnos quietos y entrar en nuestro interior nos ayuda a encontrar las respuestas que necesitamos en esta época de nuestra vida. Cuando preguntamos o pedimos ayuda, nuestro yo interior nos responde.

Conectar mediante la meditación

Entrar en contacto con los tesoros interiores es una manera de conectar con la fuente de la Vida. Porque en nuestro interior tenemos todas las respuestas a todas las preguntas que vamos a hacer en la vida. Ahí está a nuestra disposición la sabiduría pasada, presente y futura. La fuente de la Vida lo conoce todo. Algunas personas llaman «meditación» a esta conexión.

La meditación es un proceso muy simple, pero hay mucha confusión respecto a ella. A algunas personas les da miedo meditar porque creen que es algo misterioso y extraño o que tiene algo que ver con lo oculto. Muchas veces tememos lo que no entendemos. Otras personas se lamentan de que no pueden meditar porque siempre están pensando. Bueno, lo natural es que la mente piense; nunca se puede desconectar por completo. La práctica regular y continua de la meditación ayuda a acallar la mente. La meditación es una manera de evitar la cháchara de la mente para ir a planos más profundos, para conectar con la sabiduría interior.

Nos merecemos dedicar un tiempo cada día a conectar con nuestra voz interior, a escuchar las respuestas que vienen del maestro interior. Si no lo hacemos, entonces sólo utilizamos de un 5 a un 10 por ciento de lo que realmente tenemos a nuestra disposición.

Hay muchos métodos para aprender a meditar, y todo tipo de clases y de libros. Puede ser tan sencillo como sentarse en silencio con los ojos cerrados durante un rato. Podrías seguir los siguientes pasos si estás comenzando a meditar:

- Siéntate en silencio. Cierra los ojos, haz una respiración profunda, relaja el cuerpo y después concéntrate en la respiración. Presta atención a tu respiración. No es necesario que respires de ninguna manera especial. Simplemente toma conciencia de que estás respirando. Al cabo de unos minutos notarás que respiras más lentamente. Eso es normal y natural cuando el cuerpo se relaja.

* Suele ser útil contar mientras se respira: uno al inspirar, dos al espirar; tres al inspirar, cuatro al espirar... Continúa así hasta llegar a diez y comienza por uno nuevamente. Cuando lleves un rato haciendo esto es posible que descubras que tu mente está pensando en un partido de fútbol o en la lista de la compra. No pasa nada. Cuando adviertas que no estás contando, simplemente comienza por uno otra vez y continúa contando. El vagabundeo de la mente va a ocurrir varias veces. En cada ocasión, amablemente haz que vuelva a la sencilla rutina de contar. Y eso es todo.

Esta sencilla forma de meditación serena la mente y el cuerpo y nos ayuda a establecer conexión con nuestra sabiduría interior. Los beneficios de la meditación se van acumulando. Cuanto más a menudo medites, cuanto más tiempo dediques a meditar, mejor te saldrá. Descubrirás que estás más tranquilo/a y apacible durante el día cuando te ocupes de tus asuntos normales. Y si se presenta una crisis, te enfrentarás a ella de un modo más sereno.

Yo recomiendo comenzar con sólo cinco minutos de meditación, sea cual sea la forma que se elija. Hazlo una vez al día durante una o dos semanas. Después podrías hacerlo cinco minutos dos veces al día, a primera hora de la mañana y al atardecer. Tal vez te iría bien meditar en cuanto acabes de trabajar o cuando llegues a casa. Al cuerpo y a la mente les encanta la rutina. Si puedes arreglártelas para hacer tu meditación más o menos a la misma hora cada día, los beneficios serán mayores.

No esperes grandes resultados durante el primer mes. Simplemente practica. Tu cuerpo y tu mente se están adaptando a un nuevo ritmo, a una nueva sensación de paz. Al principio cuesta estar sentado quieto, y si notas que estás pendiente del reloj, utiliza uno con alarma. Al cabo de unos días, tu cuerpo ya se habrá adaptado al periodo de tiempo y podrás dejar de lado el reloj.

Sé amable contigo mientras aprendes a meditar. Hagas lo que hagas, «no haces nada mal». Estás aprendiendo una nueva técnica, que cada vez te resultará más fácil. En un periodo de tiempo relativamente corto, tu cuerpo va a esperar con ansia los ratos de meditación.

El periodo de tiempo ideal para practicar la meditación son 20 minutos por la mañana y 20 minutos a última hora de la tarde o al anochecer. No te desanimes si tardas algún tiempo en llegar a esos 20 minutos. Haz lo que puedas. Cinco minutos «cada día» es mejor que 20 minutos una vez por semana.

Muchas personas usan un mantra, que puede ser un término sánscrito como *om* o *hu*, o una palabra tranquilizadora como *amor* o *paz*, o dos palabras. Entonces, en lugar de contar mientras respiras, usa la palabra mantra al inspirar y al espirar. También puedes elegir dos o tres palabras como mantra, por ejemplo: «Yo existo», «Dios existe» o «Yo soy amor» o «Todo está bien». Dices una o dos palabras al inspirar y la otra al espirar. Herbert Benson, autor del libro *The*

Relaxation Response,* aconseja usar la palabra «one» para meditar, que también da excelentes resultados.

Como puedes ver, ni la palabra ni el método en sí son importantes. La quietud y la repetición de la respiración suave sí lo son.

Una forma popular de meditación es la llamada Meditación Trascendental. Ofrece un programa que proporciona un mantra y algunas clases de orientación. Sin embargo, estas clases se han vuelto algo caras. Si deseas gastar dinero, muy bien; son un grupo de personas muy simpáticas y se está bien con ellas. Pero has de saber que también puedes lograr resultados fabulosos por tu propia cuenta.

Muchas clases de yoga comienzan y acaban con una corta meditación. Estas clases suelen ser bastante baratas, y puedes aprender una serie de ejercicios suaves de estiramiento muy beneficiosos para el cuerpo. Estoy segura de que si vas a cualquier tienda de alimentación natural de tu localidad, vas a encontrar más de una clase de meditación o yoga en el tablero de anuncios.

Las iglesias de la Ciencia Religiosa y de la Unidad suelen dar clases de meditación. Hay grupos de personas mayores e incluso hospitales que imparten clases de meditación. Si vas a las librerías o bibliotecas de tu barrio, verás que hay muchos libros sobre meditación, algunos más fáciles de entender que otros.

En algunos programas de salud, talleres o grupos de

---

* La traducción castellana de esta obra está completamente agotada. De este mismo autor puede verse: *La relajación: la terapia imprescindible para mejorar su salud,* Grijalbo, Barcelona, 5.ª edición, 1992. (*N. del E.*).

autoayuda, se incluye la meditación como parte importante del proceso de recuperación.

En realidad, no importa dónde y cuándo aprendas a meditar, ni cuál sea el método que uses al comienzo; con el tiempo, vas a desarrollar tu propia forma de meditación. Tu sabiduría e inteligencia interiores irán modificando sutilmente tu proceso hasta que sea el que más te convenga.

En cuanto a mí, comencé a meditar hace muchos años usando un mantra. Dado que en ese tiempo aún estaba muy tensa y asustada, cada vez que meditaba me dolía la cabeza. Esto duró tres semanas. Cuando mi cuerpo y mi mente comenzaron a relajarse, tal vez por primera vez en mi vida, desaparecieron los dolores de cabeza. Desde entonces he continuado meditando y he asistido a muchas clases a lo largo de los años. En cada una ofrecen un método de meditación ligeramente diferente de meditación. Todos los métodos son beneficiosos, aunque puede que no todos sean adecuados para ti.

Como en todas las demás cosas de la vida, has de encontrar el método de meditación que te vaya mejor. Puedes ir cambiando de método a lo largo de los años. Estoy segura de que lo conseguirás.

Ten presente que la meditación es simplemente una manera de entablar comunicación con tu propio guía interior. Si bien siempre estamos conectados con este guía en todo lo que hacemos durante el día, nos resulta más fácil establecer una conexión consciente con él cuando estamos sentados en silencio y escuchamos.

Cómo medito yo

De vez en cuando cambio mis rutinas personales. Actualmente, siempre medito por la mañana; es mi mejor manera de comenzar el día. Con frecuencia medito también por la tarde, pero no siempre. Mi meditación matutina la hago generalmente sentada en la cama. Cierro los ojos y hago una o dos respiraciones profundas. Después digo internamente: «¿Qué necesito saber?» o «Este es el comienzo de un buen día». Luego me quedo en silencio y simplemente soy. A veces me fijo en mi respiración y a veces no. A veces me fijo en mis pensamientos, y cuando lo hago, sólo los observo. Podría reconocer alguno y decirme a mí misma: «Ah, ese es un pensamiento de preocupación, o de negocios, o de amor». Me limito a dejar pasar los pensamientos.

Al cabo de 20 o 30 minutos, cuando intuitivamente sé que es el momento de terminar, hago una respiración profunda. Después digo en voz alta una forma de tratamiento u oración, como ésta, por ejemplo:

Hay un poder infinito en el Universo, y este poder está aquí mismo, donde yo estoy. No estoy perdida, ni sola, ni abandonada ni desamparada. Formo una unidad con el Poder que me creó. Si hay en mi interior alguna creencia que niegue esta verdad, la borro aquí y ahora. Sé que soy una Expresión Divina y Magnífica de la Vida. Soy una con la Sabiduría, el Amor y la Creatividad Infinitos. Soy un ejemplo de salud y energía vibrantes. Amo y soy amada. Estoy en paz. Este día es una gloriosa expresión de la Vida. Cada experiencia que tengo es dichosa y amorosa. Bendigo con Amor

¡VIVIR!

Divino mi cuerpo, mis animales domésticos, mi casa, mi trabajo, y todas y cada una de las personas con las que me encuentre hoy. ¡Este es un día fabuloso y me alegro de vivirlo! ¡Y así es!

Después abro los ojos, me levanto y disfruto de mi día.

Afirmaciones espirituales

(Tal vez no has aprendido aún a sentir esa conexión. Pues bien, las afirmaciones también te pueden servir en este aspecto. Di las siguientes afirmaciones cada día, o elige una o dos hasta que hayas desarrollado una cierta paz y un conocimiento interiores.)

Tengo una fuerte conexión espiritual.

Siento que formo una unidad con toda la Vida.

Creo en un Dios amoroso.

La vida me apoya en todo.

Confío en que la Vida está conmigo.

El poder que creó el mundo late en mi corazón.

En todo momento recibo la guía divina.

Tengo un ángel de la guarda especial.

En todo momento dispongo de la protección divina.

La Vida y Dios me aman.

Estoy a salvo dondequiera que esté.

¡VIVIR!

* * *

La Vida me ayuda cada vez que lo necesito.
La Vida sacia mi hambre.
La Vida camina a mi lado,
me guía por el camino
a lo largo de todos los momentos del día.
Todo lo que soy, todo lo que puedo hacer y ser
lo debo al hecho de que la Vida me ama.

* * *

Siete

Personas Mayores Eminentes

¿Qué edad tendrías si no supieras la edad que tienes?

Dr. Wayne W. Dyer

Mis creencias sobre el envejecimiento

Durante generaciones hemos permitido que los números que corresponden a los años que llevamos en el planeta nos digan cómo sentirnos y cómo comportarnos. Como ocurre en cualquier otro aspecto de la vida, lo que aceptamos y creemos mentalmente se convierte en realidad. Pues bien, ya es hora de que cambiemos nuestras creencias sobre el hecho de hacernos mayores. Cuando miro a mi alrededor y veo personas mayores débiles, achacosas y asustadas, pienso: «Esto no tiene por qué ser así». Muchos hemos aprendido que cambiando nuestros pensamientos podemos cambiar nuestra vida. Por eso sé que podemos hacer que esos años sean una experiencia positiva, vibrante y sana.

Yo tengo ahora 68 años y soy una chica robusta, fuerte y sana. En muchos aspectos me siento más joven que cuando tenía 30 o 40, porque ya no me siento presionada para ajustarme a ciertos criterios impuestos por la sociedad. Soy libre de hacer lo que quiera. Ya no busco la aprobación de nadie ni me importa lo que digan de mí. Me doy gustos con mucha más frecuencia. La presión de los demás ciertamente se ha vuelto menos importante. En otras palabras, por primera vez en mi vida, me pongo yo primero. Y es muy agradable.

Hubo un tiempo en que permitía que los medios de comunicación y las llamadas figuras de autoridad dictaran mi comportamiento, que juzgaran la ropa que llevaba y los productos que compraba. En esa época creía que si no usaba todos los productos que aparecían en los anuncios, no era «aceptable». Un buen día me di cuenta de que usar todos esos productos sólo me hacía aceptable durante un día. Al día siguiente tenía que comenzar de nuevo. Recuerdo las horas que pasé depilándome las cejas para ser aceptable. Eso me parece tan tonto ahora, en esta fase de mi vida...

Hacerse mayor con sabiduría

En parte la sabiduría es saber lo que nos conviene, atenernos a ello y dejar marchar el resto. No quiero decir con esto que nunca haya necesidad de explorar nada nuevo. Hemos de aprender y crecer todo el tiempo. Lo que quiero decir es que es importante separar la «necesidad» de la «publicidad» y tomar nuestras propias decisiones. Toma tus propias decisiones en «todo», incluso en lo que te digo en este libro. Aunque yo piense que mis ideas tienen muchísimo valor, tú tienes todo el derecho de desecharlas por completo. Usa solamente lo que te vaya bien a ti.

Es lamentable que desde el instante en que nos ponemos ante el televisor hasta que lo apagamos, se nos bombardee con anuncios y conceptos estúpidos sobre la vida. Los niños son el objetivo como consumidores y se espera que ellos pidan y supliquen a sus padres que les compren ciertos alimentos y juguetes. Se nos dice lo que hemos de desear y lo que hemos de poseer. Pocos son los padres que explican a sus hijos lo falsos que son los anuncios de la televisión, las muchas mentiras y exageraciones que contienen. ¿Cómo van a hacerlo? Esos padres también se criaron con la propaganda televisiva.

Así pues, cuando nos hacemos adultos, nos convertimos en consumidores y compramos todo lo que se nos dice que compremos, y hacemos lo que se nos dice que hagamos. Y creemos en todas las figuras de autoridad y en cualquier cosa que veamos impresa. Eso era comprensible cuando éramos niños, pero de adultos es necesario que lo examinemos y pongamos en duda todo. Si algo no tiene sentido para nosotros, si no es para nuestro mayor bien, entonces no nos conviene. La sabiduría es aprender a decir que no a personas, lugares, cosas y experiencias que no nos benefician. La sabiduría es la capacidad de examinar nuestras creencias y nuestras relaciones para cerciorarnos de que lo que hacemos o aceptamos es para nuestro mayor bien.

¿Por qué compro este producto? ¿Por qué hago este trabajo? ¿Por qué tengo estos amigos? ¿Por qué he elegido esta religión? ¿Por qué vivo aquí? ¿Por qué creo esto de mí? ¿Por qué veo así la vida? ¿Por qué pienso esto de los hombres o las mujeres? ¿Por qué temo mirar hacia delante, hacia mis años de vejez? ¿Por qué voto de la manera que lo hago?

Tus respuestas, ¿te hacen sentir bien contigo y con la Vida? ¿Haces las cosas de cierta manera simplemente porque así es como las has hecho siempre o porque esa es la manera en que te enseñaron a hacerlas tus padres?

¿Qué les enseñas a tus hijos sobre el envejecimiento y la vejez? ¿Qué ejemplo les das? ¿Ven a una persona dinámica, cariñosa, que disfruta de cada día y mira con ilusión el futuro? ¿O eres una persona amargada, asustada, que teme hacerse mayor porque cree que va a encontrarse enferma y sola? ¡Nuestros hijos aprenden de nosotros! Y también nuestros nietos. ¿Qué tipo de vejez deseas ayudarles a ver y a crear?

Aprende a amar lo que eres y donde estás y avanzarás, apreciando y valorando cada uno de los momentos de tu vida. Este es el ejemplo que necesitas dar a tus hijos para que ellos también puedan disfrutar de una vida feliz y maravillosa hasta su último día.

Aprende a amar tu cuerpo

Los niños que no se sienten a gusto consigo mismos, van a buscar motivos para odiar su cuerpo. Debido a la intensa presión a que nos somete el mundo de la publicidad, solemos creer que hay algo malo en nuestro cuerpo. Ay, si pudiera ser delgada, rubia, alta, si tuviera la nariz más larga o más corta, si tuviera una sonrisa deslumbrante... y la lista sigue. Así, si bien todos somos jóvenes durante una época, poca gente corresponde a los cánones actuales de belleza.

El culto a la juventud que hemos propiciado aumenta el desconsuelo con que miramos nuestro cuerpo, por no hablar del terror que nos inspiran las arrugas. Cada cambio que se produce en nuestra cara y nuestro cuerpo lo consideramos algo que hay que despreciar. Eso es una lástima; es una manera terrible de considerarnos. Y sin embargo, sólo es un pensamiento, y los pensamientos se pueden cambiar. El modo como elegimos percibir nuestro cuerpo y a nosotros mismos es un concepto aprendido. Lo que creemos sobre el envejecimiento, junto con el odio que sienten por sí mismas muchas personas, es la causa de que nuestra esperanza de vida sea inferior a los 100 años. Estamos en el proceso de descubrir los pensamientos, sentimientos, actitudes, creencias, intenciones, palabras y actos que nos permitirán tener una vida larga y sana.

Me gustaría ver a todo el mundo amando, cuidando y mimando a su magnífico yo, por dentro y por fuera. Si no te sientes a gusto con una parte de tu cuerpo, pregúntate por qué. ¿De dónde te vino esa idea? ¿Alguien te dijo alguna vez que no tenías la nariz lo bastante recta? ¿Quién te dijo que tenías los pies demasiado grandes o el pecho demasiado pequeño? ¿De quién son los cánones de belleza que has adoptado? Al aceptar esas ideas inyectas rabia y odio en tu cuerpo. La triste realidad de todo este asunto es que las células de nuestro cuerpo no pueden realizar bien su trabajo si están rodeadas de odio.

Es lo mismo que si fueras a trabajar cada día y tu jefe te odiara. Nunca te sentirías a gusto y no podrías hacer bien tu trabajo. En cambio, si trabajas en un ambiente de amor y aprobación, tu creatividad puede desarrollarse y florecer de una manera sorprendente. Nuestras células responden a lo que sentimos por ellas. Todos los pensamientos que tenemos crean las reacciones químicas de nuestro cuerpo. Podemos bañar nuestras células en un ambiente sanador o podemos crear reacciones venenosas dentro de nosotros. He observado que cuando la gente se pone enferma suele dirigir su rabia hacia la parte afectada del cuerpo. ¿Y cuál es el resultado? El proceso de curación se retrasa.

Así que ya puedes ver lo importantísimo que es para nuestro bienestar amar y valorar constantemente el magnífico ser que somos. Nuestro cuerpo (o saco de piel, como dicen los chinos), o el traje que hemos elegido usar en esta vida, es un maravilloso invento. Es perfecto para nosotros. La inteligencia que tenemos dentro hace latir nuestro corazón, produce la respiración y sabe curar una herida o un hueso roto. Todo lo que ocurre en nuestro cuerpo es milagroso. Si honráramos, respetáramos y valoráramos todas las partes de nuestro cuerpo, nuestra salud mejoraría muchísimo.

Si hay alguna parte de tu cuerpo con la que no te sientes feliz, durante un mes piensa continuamente con amor en esa parte. Dile a tu cuerpo que lo amas. Incluso podrías pedirle disculpas por haberlo odiado en el pasado. Este ejercicio te puede parecer simplista, pero da resultado. Ámate por dentro y por fuera.

El amor que por ti sientas va a permanecer contigo por el resto de tu vida. Así como aprendimos a odiarnos, podemos aprender a amarnos. Sólo hace falta una buena disposición y un poco de práctica.

Sentirme llena de vitalidad y energía es más importante para mí que una, dos o más arrugas. Helen Gurley Brown, directora de la revista *Cosmopolitan,* estuvo no hace mucho en el show de Larry King, y la oí decir una y otra vez: «¡Envejecer es horroroso! ¡Es horroroso! ¡Detesto hacerme vieja!». No pude dejar de pensar lo terrible que es repetir tanto esa afirmación. Mi sugerencia sería afirmar: «Me gustan mis años de vejez. Son los mejores de mi vida».

Cómo liberarse de la enfermedad y el mal-estar

Durante mucho tiempo no hemos sido conscientes de que nuestros pensamientos y actos tenían alguna relación con nuestra buena o mala salud. Actualmente, incluso los médicos comienzan a reconocer el vínculo entre cuerpo y mente. El doctor Deepak Chopra, autor del bestseller *Ageless Body, Timeless Mind,** fue invitado por el Hospital Sharp, una importante institución médica de la Costa Oeste, para que instalara un departamento cuerpo-mente allí. El doctor Dean Ornish, que utiliza un tratamiento holista para las enfermedades cardiacas, ha sido aceptado por una prestigiosa mutua médica que permite ahora a sus asociados recibir tratamiento de este médico con su plan de seguro. Han comprendido que les resulta mucho más barata una semana de estancia en la clínica del doctor Ornish que una operación a corazón abierto.

Se trata de una operación muy cara; cuesta entre 50.000 y 80.000 dólares. Lo que muchas personas no comprenden es que esta operación sólo desobstruye las arterias por el momento. La anastomosis quirúrgica (*by-pass*) no es una solución permanente a no ser que cambiemos nuestra manera de pensar y nuestra dieta. Podríamos hacer eso antes y evitar el dolor, el sufrimiento y el gasto. Es necesario que amemos y cuidemos nuestro cuerpo. Ni los medicamentos ni la intervención quirúrgica lo harán solos.

En los años venideros, preveo la instalación de departa-

---

*   Hay traducción al castellano: *Cuerpos sin edad, mente sin tiempo,* Javier Vergara Editor, Buenos Aires y Madrid. (*N. del E.*)

mentos cuerpo-mente en todos los hospitales del país, y que las mutuas médicas estarán dispuestas a pagar esos tratamientos. Las más beneficiadas serán las personas que aprendan a cuidar de su salud, porque descubrirán lo que significa estar verdaderamente sanas. Veo a los médicos enseñando prácticas de salud a sus pacientes en lugar de limitarse a recetar medicamentos y prescribir operaciones como hacen ahora. Disponemos de muchos programas para la enfermedad, y de muy pocos para la salud. Se nos enseña a tratar la enfermedad en lugar de enseñarnos a cuidar y favorecer la salud. Creo que en un futuro próximo, la medicina alternativa o complementaria se unirá con la medicina tecnológica para crear verdaderos programas de salud y bienestar para todos.

Habrá una medicina preventiva, y no sólo una medicina dedicada a atender las crisis y la enfermedad. Un buen plan de atención sanitaria debe incluir la educación. Hemos de aprender a colaborar con nuestro bienestar, saber cuáles son los principios de la conexión entre mente y cuerpo, el valor de la nutrición y el ejercicio, y cómo usar las hierbas y vitaminas. Todos podríamos explorar otras formas naturales y complementarias de generar salud y bienestar en nuestra población.

En *USA Today* se informaba en 1993 que el 34 por ciento de la población de Estados Unidos, es decir, 80 millones de personas, utilizan alguna forma de atención sanitaria alternativa, incluyendo el tratamiento quiropráctico. Según este informe los estadounidenses habíamos hecho más de 250 millones de visitas a consultas de practicantes de medicina alternativa. Muchas de estas visitas eran consecuencia de que la medicina convencional ya no satisfacía las necesidades de estas personas. Creo que este número sería mucho mayor si las mutuas médicas pagaran estas visitas.

Hemos establecido un sistema en que la mutilación y el veneno son las formas aceptadas de tratar la enfermedad, mientras que las vías naturales de curación se consideran antinaturales. Algún día todas las mutuas médicas van a descubrir que les sale mucho más barato pagar un tratamiento de acupuntura o de nutrición que una visita a un hospital, y que obtendrán mejores resultados con mayor frecuencia.

Ya es hora de que todos recuperemos nuestro poder de manos de las industrias médicas y farmacéuticas. Hemos sido zarandeados por la medicina tecnológica, que es muy cara y a menudo destruye la salud. Es el momento de que todos, sobre todo las personas mayores, que tienen menos tiempo por delante, aprendamos a responsabilizarnos de nuestro cuerpo y a crearnos una buena salud, salvando así millones de vidas y ahorrando miles de millones de dólares.

¿Te has dado cuenta de que el 50 por ciento de las bancarrotas son causadas por facturas de hospital, y que por regla general una persona hospitalizada con una enfermedad mortal va a perder todos los ahorros de su vida en los diez últimos días que esté ingresada? Categóricamente necesitamos hacer cambios en el modo en que manejamos nuestra atención sanitaria en la actualidad.

Podemos responsabilizarnos de nuestro cuerpo

Envejecer y enfermar solía ser la norma para la mayoría de la gente en nuestra sociedad. Pero ya no tiene por qué ser así. Vivimos en un momento en que podemos responsabilizarnos de nuestro cuerpo. Cuando aprendamos más sobre nutrición, comprenderemos que lo que comemos tiene muchísimo que ver con cómo nos sentimos y con nuestra apariencia, y con nuestra buena o mala salud. Y tenderemos más a rechazar la publicidad de los fabricantes si vemos que lo que afirman no es válido.

Podría lanzarse un programa completo de educación para el cuidado de la salud, apoyado por las personas mayores. Si lográramos que organizaciones como la American Association of Retired Persons, con sus 30 millones de miembros, realmente apoyaran el cuidado de la salud en lugar del cuidado de la enfermedad, podríamos hacer enormes y positivos cambios. No obstante, no podemos esperar a que estas personas decidan dar este paso. Es necesario que aprendamos todo lo posible sobre cómo cuidar de nuestra salud ahora.

Mientras no podamos enseñar realmente a la gente que cada uno es responsable de su estado de salud, no tendrá sentido vivir más años. Me gustaría contribuir a que todas las personas llegaran a la vejez con una salud vibrante.

El miedo es muy limitador

Veo mucho miedo entre las personas mayores: miedo al cambio, a la pobreza, a la enfermedad, a la senilidad, a la soledad, y por encima de todo, a la muerte. De verdad pienso que todo ese miedo es innecesario. Es algo que nos han enseñado. Se nos ha programado para sentirlo. Es simplemente la manera de pensar habitual, y se puede cambiar. El pensamiento negativo es el predominante en muchas personas durante sus últimos años y, en consecuencia, viven descontentas.

Es fundamental tener siempre presente que lo que pensamos y decimos se convierte en experiencias. Así pues, prestemos mucha atención a nuestros pensamientos y palabras para poder configurar nuestra vida de acuerdo con nuestros sueños. Solemos decir tristemente: «Ay, ojalá pudiera tener... ojalá tuviera... ojalá pudiera ser... ojalá fuera», pero no usamos las palabras y pensamientos que de verdad pueden hacer realidad esos deseos. Tenemos todos los pensamientos negativos que se nos ocurren y después nos extrañamos de que nuestra vida no funcione como querríamos. Como ya dije, todos tenemos unos 60.000 pensamientos al día, y la mayoría de ellos son los mismos de ayer, anteayer y el día anterior. Para contrarrestar esta rutina mental, cada mañana me digo: «He llegado a una nueva comprensión de la vida. Ahora tengo pensamientos que no había tenido nunca antes, pensamientos nuevos y creativos».

Así pues, si piensas con miedo en el cambio, podrías afirmar: «Estoy en paz con los cambios que siempre se dan en la Vida y estoy siempre a salvo». Si tienes miedo a la pobreza, prueba con: «Forma una unidad con el Poder Universal de la abundancia, y siempre tengo más de lo que necesito». Para el miedo a la enfermedad, podrías afirmar: «Soy la encarnación de la salud y la vitalidad, y disfruto de mi bienestar». Si tienes miedo a la senilidad: «Formo una unidad con la Sabiduría y el Conocimiento del Universo; mi mente está siempre clara y despejada». Para la soledad: «Estoy en conexión con todas y cada una de las personas de este planeta; doy y recibo amor constantemente». Si temes pasar los últimos días de tu vida en una residencia de ancianos, afirma: «Siempre vivo en mi casa, feliz y cuidando de mí». Para el miedo a la muerte: «Acojo con alegría cada fase de mi vida, sabiendo que abandonar el planeta es como abrir una puerta al amor y a la gloriosa experiencia siguiente».

Todas estas afirmaciones son maneras de entrenar la mente para una vida futura más feliz. Si las haces siempre que tengas pensamientos de miedo, con el tiempo se convertirán en realidad. Cuando se hayan convertido en tus nuevas verdades, descubrirás no sólo que tu vida mejora, sino que también lo hace tu visión del futuro. Es un proceso continuo de crecimiento y transformación.

Otra afirmación fabulosa es: «Soy una persona independiente, sana y rica».

Encuentra y utiliza tus tesoros interiores

Mi deseo es ayudarte a crear un ideal consciente de tus años de vejez, a comprender que esos pueden ser los años más gratificantes de tu vida. Has de saber que tu futuro es siempre luminoso, sea cual sea tu edad. Ve cómo esos años se convierten en algo muy valioso. Puedes convertirte en una persona mayor.

Muchos de vosotros estáis entrando en las filas de la gente mayor, y ya es hora de que veáis la vida de otra manera. No tenemos por qué vivir la vejez como lo hicieron nuestros padres. Tú y yo podemos crearnos una nueva forma de vida. Podemos cambiar las reglas. Cuando avanzamos hacia el futuro conociendo y usando nuestros tesoros interiores, sólo se extiende lo bueno ante nosotros. Podemos saber y afirmar que todo lo que nos ocurre es para nuestro mayor bien y nuestra máxima alegría, creyendo de verdad que no nos puede ir mal.

En lugar de envejecer, renunciar y morir, hagamos una gran contribución a la vida. Tenemos el tiempo, el conocimiento y la sabiduría necesarios para salir al mundo con amor y poder. La sociedad se enfrenta a muchos desafíos en estos tiempos. Hay muchos asuntos y problemas en el mundo que requieren nuestra atención.

Hemos de ver de otro modo las diferentes fases de la vida. Por cierto, no hace mucho se realizó un estudio sobre la edad madura en una importante universidad. Los investigadores descubrieron que, sea cual sea la edad que uno considera como madura, en ese momento el cuerpo comienza su proceso de envejecimiento. Como puedes ver, el cuerpo acepta lo que decide la mente. Así pues, en lugar de aceptar los 45 o los 50 años como edad madura, podríamos fácilmente decidir que 75 años es la nueva edad madura. El cuerpo lo va a aceptar también de buena gana.

¡VIVIR!

El hecho de decir: «Ya no me queda mucho tiempo», envejece y acorta la vida. En lugar de eso hemos de decir: «Tengo tiempo, espacio y energía más que suficiente para lo que es importante».

La duración de la vida se ha ido alargando desde que fuimos creados como especie. Al principio la vida era muy corta, primero hasta la mitad de la segunda década, después hasta la tercera década, luego hasta la cuarta década, etc. A comienzos de este siglo, a una persona de 50 años se la consideraba vieja. En 1900, la esperanza de vida era de 47 años. Ahora aceptamos los 80 años como la duración normal de la vida. ¿Por qué no podemos dar un salto cuántico en la conciencia y aceptar como nueva duración de la vida los 120 o 150 años?

Sí, lógicamente es necesario que nos creemos salud, amor, riqueza, compasión y aceptación para llegar a esa nueva duración de la vida. Cuando hablo de vivir hasta los 120 años, muchas personas exclaman: «¡Uy, no! No quiero tener el cuerpo enfermo o ser pobre todos esos años». ¿Por qué inmediatamente nuestra mente pasa al pensamiento limitador? No tenemos por qué equiparar edad con pobreza, enfermedad, soledad y muerte. Si eso es lo que vemos con frecuencia a nuestro alrededor, se debe a que eso es lo que nos hemos creado con nuestros pasados sistemas de creencias.

Siempre podemos cambiar nuestras creencias. En un tiempo se creyó que la Tierra era plana. Ahora eso ya no es una verdad para nosotros. Sé que podemos cambiar lo que pensamos y aceptamos como normal. Podemos vivir una larga vida con salud, amor, riqueza, sabiduría y dicha.

Sí, vamos a tener que cambiar nuestras actuales creencias. Vamos a tener que cambiar la manera de estructurar la sociedad, nuestro sistema de jubilación, de seguros, de asistencia sanitaria. Pero todo eso se puede hacer.

Deseo daros esperanzas y estimularos a aprender a sanaros vosotros mismos, porque así todos podremos sanar la sociedad. Ya es hora de volver a poner a las personas mayores arriba de todo. Los mayores nos merecemos estima, respeto y honor. Pero primero hemos de desarrollar autoestima y una sensación de valía personal. Esto no es algo que tengamos que ganarnos. Es algo que desarrollamos en nuestra propia conciencia.

Da un giro a tu vida

Tienes el poder de cambiar tu vida de tal manera que ni siquiera reconozcas a tu antiguo yo. Puedes pasar de la enfermedad a la salud, de la soledad al amor, de la pobreza a la seguridad y la realización. Puedes pasar de la vergüenza y la culpa a la confianza en ti y el amor por ti. Puedes pasar de sentir que no vales a sentirte una persona creativa y poderosa. ¡Puedes hacer que tus últimos años sean un tiempo maravilloso!

Ya es hora de que todos seamos todo lo que podemos ser durante nuestra vejez. Este es el futuro que espero con ilusión. Únete a mí. Comencemos un movimiento llamado Personas Mayores Eminentes, de modo que cuando entremos en nuestro Años Preciosos, aportemos más a la sociedad en lugar de menos.

Cuando comencé mi trabajo de curación, me concentré en enseñar a las personas a amarse a sí mismas, a abandonar el resentimiento, a perdonar, a dejar marchar viejos y limitadores comportamientos y creencias. Eso fue maravilloso y, como tantos de vosotros lo habéis confirmado, fuisteis capaces de mejorar la calidad de vuestra vida hasta un grado muy notable. Este trabajo individual sigue siendo extraordinariamente útil, y es necesario que continúe hasta que todas las personas de este planeta tengan una vida llena de salud, felicidad, satisfacción, plenitud y amor.

Ahora es el momento de que apliquemos estas ideas a la sociedad entera, de que las introduzcamos en la corriente principal, para ayudar a mejorar la calidad de vida de todo el mundo. Nuestra recompensa será un mundo de paz y de amor en el cual, de mayores, podremos dejar de cerrar las puertas con llave, pasear libremente por la noche y saber que nuestros vecinos nos aceptan, nos apoyan y nos ayudan cuando es necesario.

Podemos cambiar nuestras creencias. Pero para hacerlo, nosotros, las Personas Mayores Eminentes, necesitamos abandonar la mentalidad de víctimas. Mientras nos consideremos seres desamparados e impotentes, mientras esperemos que el gobierno nos «arregle» las cosas, jamás progresaremos como grupo. Pero cuando nos unamos y demos con soluciones creativas para nuestra vejez, entonces tendremos verdadero poder y podremos hacer que nuestro país y nuestro mundo sean mejores.

Unas palabras para los que vais a cumplir cincuenta años

Deseo deciros unas cuantas palabras a vosotros, los que ahora estáis comenzando a entrar en la cincuentena.

¿Cómo deseas madurar? ¿Cómo quieres que madure tu país? Lo que nos creamos para nosotros mismos lo creamos para nuestro país. En las próximas décadas tendremos más personas longevas que jamás antes en la historia. ¿Deseamos continuar siendo la misma clase de viejos? ¿O estamos preparados para dar un salto cuántico en la conciencia y crear una nueva manera de vivir para las personas mayores?

Sencillamente no podemos esperar a que el gobierno haga los cambios por nosotros. Los gobiernos se han convertido en un semillero de intereses creados y codicia. En lugar de mirar hacia ellos, necesitamos mirar hacia dentro y encontrar nuestros tesoros, nuestra sabiduría interior, y entonces repartirlos con amor al resto de la sociedad.

A todos vosotros os invito a uniros conmigo y dejar de hablar de «mi» generación y pasar a hacerlo de «nuestra» generación. Es divertido. Existe un grupo llamado Organización de Presidentes Jóvenes, formado por jóvenes dirigentes de empresas y de la sociedad. Pero la mayoría de ellos están sobrecargados de trabajo y se están matando a sí mismos porque no se toman el tiempo necesario para entrar en su interior y conectar con su sabiduría interna. Han acumulado un montón de dinero y ahora se preguntan: «¿Y esto es todo?». Lo que necesitan hacer para pasar del «yo» al «nosotros» es volver a trabajar al servicio de su comunidad y su país. ¿Por qué? Pues, porque son el grupo ideal para ser los líderes de las Personas Mayores Eminentes.

Cada uno de nosotros, incluidos nuestros políticos, necesita dedicar un tiempo cada día a estar sentado en silencio. Si no nos tomamos el tiempo necesario para entrar en nuestro interior y conectar con nuestra sabiduría interna, no sabremos tomar las mejores decisiones. Es casi un acto de arrogancia que nos responsabilicemos de otras personas y no nos tomemos un tiempo para entrar en nuestro interior y conectar con la guía universal.

Preveo un mundo en el cual los Líderes Eminentes y las Personas Mayores Eminentes van a trabajar juntos, cogidos de la mano, para sanar al país. Los padres y madres de los Líderes Eminentes podrían muy bien ser Personas Mayores Eminentes. Todos podríamos trabajar unidos para discutir y llevar a cabo planes que contribuyan a que nuestra sociedad funcione de un modo más productivo. Y esto puede funcionar en los negocios y en muchos otros ámbitos: el cuidado de la salud, las artes, el trabajo o el servicio, sean los que sean... Siempre podemos contribuir, no importa la edad que tengamos.

Cómo recuperar nuestro poder

Estoy firmemente convencida de que hemos tratado a nuestros mayores como personas inútiles, cuando en realidad son los guías perfectos para reconstruir nuestro mundo. Hubo una época en que las personas mayores eran tenidas en alta estima por sus contribuciones y conocimientos, pero hemos disminuido su importancia al crear el culto a la juventud. ¡Qué gran error! La juventud es algo maravilloso, pero los jóvenes también se harán mayores. Todos necesitamos pensar con mucha ilusión en unos años de vejez agradables y apacibles.

Desde el punto de vista astrológico, una persona vive el primer retorno de Saturno a los 29 años. Saturno, el maestro, tarda 29 años en completar un ciclo, es decir, en volver al mismo lugar donde estaba en el momento del nacimiento. Sólo después de haber experimentado los 12 ámbitos de la vida, podemos aplicar ese aprendizaje a nuestro momento presente.

Es necesario que las personas mayores aprendamos nuevamente a jugar, a divertirnos, a reír, a ser niños si queremos. No nos merecemos ser arrojados a un rincón para marchitarnos y morir. Y no seremos tratados así a no ser que lo permitamos. Debemos regresar a la sociedad, participar plenamente en la vida y comunicar lo que sabemos a las generaciones más jóvenes. Se suele decir: «Ay, si pudiera comenzar de nuevo». Pues bien, ¡se puede! Dando un paso al frente y asumiendo el papel de líder, volviendo a ser un miembro activo de la sociedad, se puede contribuir a construir un mundo nuevo y mejor.

Si tú o un familiar frecuentáis un centro de ancianos, en lugar de hablar de vuestras enfermedades, hablad de cómo os podéis unir y mejorar vuestro lugar en la sociedad. ¿Qué podéis hacer para mejorar la calidad de vida de todos? Por pequeña que sea vuestra contribución, será útil. Si todas las personas mayores aportamos algo, podremos mejorar nuestro país.

Al colaborar activamente en todos los sectores de la sociedad, veremos gotear nuestra sabiduría en todos los niveles, transformando así nuestro país en un lugar de amorosa bondad. Así pues, ánimo: Da un paso adelante, usa tu voz, sal al mundo y ¡vive! Esta es tu oportunidad de recuperar tu poder y crear un legado que te enorgullecerás de dejar a tus nietos y a tus tataranietos.

Es mi ferviente deseo estimular e inspirar a las personas mayores de todas partes a contribuir en la curación de su país. Sois una generación que cambiará las cosas. Sois el pueblo, el gobierno, sois los que podéis hacer los cambios. Y vuestro momento es AHORA.

Hemos de dejar de seguir a los líderes que nos llevan por caminos erróneos. Hemos de dejar de creer que la codicia y el egoísmo aportará algún bien permanente a nuestra vida. Hemos de amarnos y comprendernos a nosotros mismos primero y luego compartir ese amor y esa comprensión con todas las personas del planeta. Este es «nuestro» mundo, y tenemos la capacidad de convertirlo en un paraíso.

La curación planetaria o mundial es una respuesta a la conciencia de que lo que experimentamos en nuestro mundo exterior es un reflejo de la orientación que damos a nuestra energía interior. Una parte importante de cualquier proceso de curación es reconocer nuestra conexión con la totalidad de la Vida y comenzar a proyectar energía sanadora positiva hacia todo el mundo exterior. Aquí es donde mucha gente se queda atascada en su energía, inconscientes del poder de dar y compartir. Sanar es un proceso continuo, de modo que si esperamos a estar «curados» para compartir el amor, tal vez jamás tengamos la oportunidad de hacerlo.

Mi esperanza para nuestro país

No poseo todas las respuestas, pero os animo, a todos los que tenéis el conocimiento y los medios para hacerlo, a que deis un paso adelante y contribuyáis a sanar este planeta nuestro.

Nuestras cargas tienden a envejecernos. Pero si cada uno hace sólo un poquito, podremos llevar a cabo un profundo cambio. Por ejemplo, hay un dentista en Los Ángeles que comenzó a hacer servicios gratis a las personas sin hogar. ¿Te imaginas ser una persona sin techo y que te hagan un tratamiento odontológico? Este hombre ha dicho: «Si todos los dentistas de Los Ángeles diéramos gratis una hora a la semana, todas las personas sin techo de esta ciudad podrían recibir atención dentaria».

Muchas veces nos sentimos abrumados por nuestros problemas, pero si cada uno diera sólo una pequeña parte de su tiempo para dedicarse a los problemas que nos afectan, podríamos resolver gran parte de ellos. Muchas personas mayores están en una edad en que no tienen nada que perder; no pueden perder su trabajo ni su casa porque ya han logrado la seguridad económica. Los que «tienen» pueden ayudar a los que «no tienen». Estoy segura de que a muchos de los ancianos ricos de este país se los podría convencer para que se separaran de parte de su dinero si se les mostrara la manera de ser honrados y admirados por la sociedad.

Es cierto que muchos de nuestros problemas actuales los crearon los ancianos ricos de mi generación que en otro tiempo estuvieron en la vanguardia de la codicia empresarial. Ya se han visto las consecuencias de ese comportamiento egoísta y avaro por parte de las grandes empresas y ciertas personas. Pero ahora esa gente tiene ante sí un gran papel que desempeñar. Pueden seguir siendo los peces gordos, pero ahora como sanadores en lugar de agresores. Fácilmente pueden donar unos cuantos millones aquí y allí para hacer de nuevo grande nuestra sociedad.

Realmente creo que si todo el mundo toma parte en el proceso de curación de nuestro país, podemos volvernos más jóvenes en lugar de más viejos. Podemos rejuvenecer. Sé que es posible. Podría ser que en la tercera generación se llegara al rejuvenecimiento y que eso fuera lo normal y natural, pero las personas mayores de hoy podemos ser los pioneros y los guías. Se están escribiendo algunos libros sobre el proceso de rejuvenecimiento. En *New Cells, New Bodies, New Lives* [Nuevas células, nuevos cuerpos, nuevas vidas], Virginia Essene nos ofrece nuevas ideas para pensar. Sé que es posible rejuvenecer; sólo hay que descubrir cómo.

Las personas que en estos momentos se están acercando a los cincuenta, pueden pensar cómo les gustaría llegar a sus años de vejez y cómo desearían servir. Las generaciones más jóvenes pueden cambiar su manera de mirar a los mayores y tomar decisiones sobre cómo desean ser cuando lleguen a esa fase de su vida.

En la escuela siempre se les pregunta a los niños: «¿Qué quieres ser cuando seas mayor?». Se les enseña a hacer planes para el futuro. Nosotros tenemos que adoptar la misma actitud y hacer planes para el futuro. ¿Qué queremos ser cuando nos hagamos mayores? Yo quiero ser una Persona Mayor Eminente y contribuir de la manera que pueda a la sociedad. Maggie Kuhn, dirigente de un grupo activista, las Panteras Grises, dijo hace poco: «Yo quiero morir en un aeropuerto, maletín en mano, recién terminado un trabajo bien hecho».

Piensa en estas preguntas: ¿Cómo puedes servir? ¿Qué harás para contribuir a sanar tu país? ¿Qué legado deseas dejar a tus nietos? Es importante que todos nos hagamos estas preguntas a medida que pasamos de los veinte a los treinta y a los cuarenta. Después entraremos en los cincuenta y los sesenta y seguiremos teniendo un mundo de oportunidades ante nosotros. Recuerdo haber oído decir a alguien hace poco: «Supe que me estaba haciendo mayor cuando la gente dejó de decirme que tenía toda la vida por delante».

Bueno, tú sí tienes «toda la vida» por delante. ¿Para qué otra cosa te vas a preparar, para «toda la muerte»? ¡Por supuesto que no! Ahora es el momento de vivir, de reconocer tu valía, de enorgullecerte de ser una Persona Mayor Eminente.

Honro a todos los que tenemos el valor de avanzar con las ideas que he presentado aquí. Sí, puede haber resistencia y un cierto grado de dificultad. Pero, ¡y qué! ¡Somos Personas Mayores y somos invencibles!

Afirmaciones para las Personas Mayores Eminentes

(Tal vez te convenga repetir las siguientes afirmaciones al despertar por la mañana y antes de irte a la cama por la noche.)

Soy una persona joven y bella en todas las edades.

Colaboro con la sociedad de modos gratificantes y productivos.

Soy responsable de mi situación económica, mi salud y mi futuro.

Todas las personas con quienes me relaciono me respetan.

Honro y respeto a los niños y adolescentes que forman parte de mi vida.

Honro y respeto a todas las personas mayores que forman parte de mi vida.

Vivo intensamente cada día.

Cada día tengo pensamientos nuevos y diferentes.

Mi vida es una magnífica aventura.

Me abro para experimentar todo lo que me ofrezca la vida.

Mi familia me apoya y yo los apoyo a ellos.

No tengo limitaciones.

Tengo toda la vida por delante.

Hablo, y mi voz es escuchada por los líderes de la sociedad.

Dedico un tiempo a jugar con mi niño interior.

Medito, hago tranquilos paseos, disfruto de la naturaleza; me gusta estar un tiempo a solas.

La risa es una parte importante de mi vida; no me refreno en absoluto.

Pienso en maneras de sanar al planeta, y las llevo a la práctica.

Tengo todo el tiempo del mundo.

* * *

Los años en que me hago mayor
son mis mejores años

Disfruto de cada año que pasa. Mis conocimientos aumentan, y estoy en contacto con mi sabiduría. Siento la orientación de los ángeles en cada paso del camino. Mis años de vejez son mis mejores años. Sé vivir. Sé conservarme joven y rebosante de salud. Mi cuerpo se renueva en todo momento. Soy una persona vital, vivaz, sana, plenamente viva, y colaboro hasta mi último día. Estoy en paz con mi edad. Me creo el tipo de relaciones que deseo tener. Me creo la prosperidad que necesito. Sé triunfar. Mis años de vejez son mis mejores años, y me convierto en una Persona Mayor Eminente. Ahora colaboro con la vida de todas las formas que sé, sabiendo que soy amor, alegría, paz y una infinita sabiduría, ahora y siempre. ¡Y así es!

* * *

Ocho

La muerte y el morir: La transición del alma

---

*Venimos a este planeta a aprender
ciertas lecciones, y después continuamos
adelante...*

La muerte, una parte natural de la vida

Desde que comencé mi trabajo con personas enfermas de sida he conocido a cientos que han muerto. El hecho de estar cerca de estas personas durante el final de su vida me ha dado una comprensión de la muerte que no tenía antes. Yo pensaba que la muerte era una experiencia terrible. Ahora sé que sólo es una parte normal y natural de la vida. Me gusta pensar que morir es como un «marcharse del planeta».

Creo que hemos venido a este mundo a aprender ciertas lecciones. Cuando las hemos aprendido, nos marchamos. Es posible que para una determinada vida la lección sea corta. Tal vez necesitábamos tener la experiencia del aborto, y entonces no salimos vivos del vientre materno. Quizá nuestros padres y nosotros tomamos una decisión del alma para aprender las lecciones del amor y la compasión mediante la muerte de un bebé. Puede que sólo necesitáramos unos pocos días o meses y nos marchamos muriendo en la cuna.

Algunas personas usan el camino de la enfermedad para marcharse del planeta; se crean una vida que no les parece posible enderezar y entonces deciden que prefieren irse ahora y solucionar las cosas en otra ocasión. Algunas personas eligen marcharse del planeta de una forma espectacular, tal vez en un accidente de coche o de avión.

Sabemos que prácticamente de todas las enfermedades que hemos creado alguien se ha curado. Y sin embargo muchas personas usan la enfermedad como manera de marcharse cuando les llega la hora. Morir de enfermedad es un modo socialmente aceptable de marcharse.

Sean cuales sean la forma y el momento en que nos marchemos, yo creo que es una decisión del alma y que ocurre en el instante y el lugar perfectos. Nuestra alma nos permite marcharnos del modo que sea mejor para nosotros esta vez. Cuando vemos el cuadro completo de la vida, nos resulta imposible juzgar ningún procedimiento para marcharse.

Superar el miedo a la muerte

He observado que las personas que sienten más rabia, resentimiento y amargura parecen tener las muertes más difíciles. Suele haber lucha, culpa y miedo asociados a su muerte. Quienes han hecho las paces consigo mismos y comprenden el valor del perdón, para sí mismos y para los demás, tienen las muertes más apacibles. Por otro lado, las personas a las que se les enseñó lo de «las llamas del infierno» son las que se sienten más aterradas ante la perspectiva de marcharse.

Si tienes miedo de dejar el planeta, te recomiendo que leas alguno de los muchos libros que tratan de las experiencias de casi muerte que han tenido algunas personas. Los libros *Life After Life*, de Raymond Moody,* y *Saved by the Light* [Salvados por la luz], de Dannion Bradley, son obras iluminadoras y estimulantes que nos revelan cómo

* Hay traducción al castellano: *Vida después de la vida*, Edaf, Madrid, 1984. (*N. del E.*)

un encuentro de cerca con la muerte puede cambiar la percepción de la vida y también eliminar el miedo a morir.

De modo, pues, que así como es importante saber lo que creemos sobre diferentes asuntos de la vida, también lo es tener muy claro lo que elegimos creer sobre la muerte. Muchas religiones, al tratar de manipularnos para que nos comportemos según sus reglas, nos presentan imágenes aterradoras de la muerte y de la vida después de la muerte. Francamente pienso que es muy malvado decirle a alguien que va a arder en el infierno eternamente. Ese tipo de predicación es pura manipulación. No hagas caso de las personas que venden miedo.

Entonces, nuevamente te sugiero que hagas una lista, esta vez titulada: «Lo que creo de la muerte». Anota todas las cosas que te vengan a la cabeza. Por tontas que parezcan, están en tu inconsciente. Si tienes muchos mensajes negativos en tu interior, entonces trabaja para cambiar esas creencias. Medita, estudia, lee libros, y aprende a crearte una creencia sobre la vida después de la muerte, que sea positiva y que te apoye.

Lo que creemos se convierte en realidad. Si crees en el infierno, entonces probablemente vas a ir allí por un tiempo, hasta que despiertes a la verdad y cambies tu conciencia. Yo creo que el cielo y el infierno son estados mentales, y que podemos experimentarlos mientras estamos en la Tierra.

El temor a la muerte dificulta la vida. Mientras no estemos en paz con la muerte, no podremos comenzar realmente a vivir.

Un tiempo para vivir y un tiempo para morir

Llega un momento en la vida de cada persona en que debe aceptar que la muerte está ahí, que ha llegado su hora. Creo que necesitamos estar en paz con ese momento, sea el que sea. Hemos de aprender a aceptar la muerte, a permitirnos pasar por la experiencia que ofrece con admiración y paz, no con miedo.

Generalmente la gente tiene opiniones muy definidas sobre el suicidio, y se me ha criticado la mía. Yo pienso que es absurdo matarse porque se ha acabado un romance, porque uno se ha arruinado o por algún otro problema de la vida. Perdemos la oportunidad de aprender algo y crecer. Y si nos negamos a aprender esa lección esta vez, va a volver a presentarse en la próxima vida.

¿Recuerdas las muchas veces que has tenido problemas o dificultades y no sabías cómo salir de la situación? Pero lo hiciste y estás aquí; encontraste una solución. ¿Y si te hubieras suicidado a causa de alguna de esas dificultades? Fíjate en todas las cosas fabulosas que te habrías perdido.

Por otra parte, en la vida de algunas personas llegan momentos de enorme dolor físico que no cede, que no puede ser aliviado. Están tan profundamente inmersas en una enfermedad atroz que llegan a un punto sin retorno. Esto lo he visto muchas veces con la enfermedad llamada sida. ¿Quién soy yo para juzgar a una persona que elige quitarse la vida en esas circunstancias? Opino que el doctor Jack Kervorkian, al que llaman el Médico de la Muerte, es un hombre muy compasivo que ayuda a acabar su vida con dignidad a las personas con enfermedades terminales.

Escribí lo siguiente para un amigo muy querido que estaba muriendo conscientemente. A él le sirvió de gran consuelo en esos momentos. Muchas veces, durante el día y la noche, se ponía «en posición para la máxima paz». También he empleado estas palabras para muchos otros que estaban en proceso de marcharse.

Siempre estamos a salvo

Siempre estamos a salvo.

Es sólo un cambio.

Desde el momento en que nacemos

nos preparamos para ser Abrazados por la Luz

una vez más.

Ponte en posición para la Máxima Paz.

Los ángeles te rodean

y te guían en cada paso del camino.

Lo que sea que elijas,

será lo perfecto para ti.

Todo sucederá en el momento y el lugar perfectos.

Este es un instante de júbilo

y de regocijo.

Estás de camino a Casa

como lo estamos todos aquí.

* * *

¡VIVIR!

Siempre me he imaginado mi muerte como
el final de una representación.
Baja el telón por última vez.
Se acaban los aplausos.
Voy a mi camerino y me quito el maquillaje.
La ropa queda en el suelo.
El personaje ya no soy yo.
Desnuda, voy hasta la entrada de artistas.
Cuando abro la puerta, me encuentro ante una cara
sonriente.
Es el nuevo Director,
con un nuevo guión y el traje en la mano.
Me inunda la alegría al ver que me esperan
mi público fiel y mis seres queridos.
La ovación es cariñosa y ensordecedora.
Me saludan con más amor
del que jamás he experimentado antes.
Mi nuevo papel promete ser el mejor de todos.

Sé
que la Vida siempre es buena.
Dondequiera que esté
todo está bien.

Estoy a salvo.

Hasta pronto.

Adiós.

* * *

También veo la Vida como una película

En cada vida

siempre llegamos a mitad de la película

y siempre nos marchamos a mitad de la película.

No hay un momento correcto,

ni un momento equivocado,

sino sólo nuestro momento.

El alma hizo su elección mucho antes de que viniéramos.

Hemos venido a aprender ciertas lecciones,

a amarnos a nosotros mismos.

Sea lo que sea lo que hagan o digan los demás,

hemos venido a amarnos y cuidarnos

y a amar y cuidar a nuestros semejantes.

Cuando hemos aprendido las lecciones del amor,

podemos marcharnos con alegría;

no hay necesidad de dolor ni sufrimiento.

¡VIVIR!

Sabemos que la próxima vez
dondequiera que elijamos encarnarnos,
en cualquier plano de acción,
llevaremos todo el amor con nosotros.

* * *

El túnel del amor

Nuestra Última Puerta
es de Liberación, Amor y Paz.
Nos liberamos y entramos en el túnel de salida,
al final del cual encontramos
sólo Amor.
Un Amor que nunca hemos experimentado antes,
un Amor total, incondicional, que todo lo abarca,
y una profunda Paz interior.
Todos los seres que hemos amado están ahí,
esperándonos, dándonos la bienvenida,
amándonos, guiándonos.
Nunca volvemos a estar solos.

Es un momento de inmensa alegría,
el momento de revisar, con amor,

nuestra última encarnación
y adquirir sólo Sabiduría.

¡LAS LÁGRIMAS TAMBIÉN SON BUENAS!
Son el río de la Vida.
Nos ayudan a superar experiencias
profundamente emotivas.

¡FELIZ ASCENSIÓN!
Sabes que me reuniré contigo
en lo que va a parecer
un abrir y cerrar de ojos.

* * *

Una de las últimas cosas que me dijo mi amigo fue:
—¿Nos estamos despidiendo?
—Sí —le contesté—. Por esta vida, sí.
Estas son mis ideas sobre la muerte y el morir. Ahora formula las tuyas. Sólo procura que sean consoladoras y amorosas.

* * *

La esencia vital está siempre con nosotros

Dejo marchar el pasado con facilidad y confío en el proceso de la Vida. Cierro la puerta de las viejas heridas y perdono a todo el mundo; también me perdono a mí. Visualizo un arroyo delante de mí. Agarro todas las viejas experiencias, los viejos agravios y penas, los lanzo al arroyo y veo cómo comienzan a disolverse y marcharse con la corriente hasta que se disipan y desaparecen totalmente. Soy libre, y todas las personas de mi pasado también lo son. Estoy a punto para avanzar hacia las nuevas aventuras que me aguardan. Las vidas vienen y van, pero yo siempre soy un ser eterno. Estoy rebosante de vida y vitalidad, sea cual sea el plano de acción en que me encuentre. El Amor me rodea, ahora y para siempre. ¡Y así es!

¡ÁMATE Y AMA TU VIDA!

* * *

¡101 pensamientos poderosos para la Vida!

Los pensamientos que tenemos y las palabras que decimos están continuamente configurando nuestro mundo y nuestras experiencias. Muchos tenemos el viejo hábito de pensar negativamente, y no nos damos cuenta del daño que nos hacemos a nosotros mismos. Sin embargo, nunca estamos estancados, porque siempre podemos cambiar nuestra manera de pensar. Cuando aprendemos a elegir constantemente pensamientos positivos, los viejos y negativos se disuelven y desaparecen.

Así pues, mientras lees los poderosos pensamientos siguientes, permite que esas afirmaciones e ideas te inunden la conciencia. Tu inconsciente va a elegir los pensamientos que son importantes para ti en este momento. Estos conceptos son como fertilizantes para la tierra de tu mente. Al absorberlos a medida que los vas repitiendo enriqueces lentamente la base de tu jardín de la vida. Cualquier cosa que plantes crecerá en abundancia. Te veo como una persona sana y vibrante, rodeada de una belleza exquisita, teniendo una vida de amor y prosperidad, llena de alegría y risas. Estás en un maravilloso camino de cambio y crecimiento. Disfruta de tu viaje.

1 Estoy en proceso de curación

*Tu cuerpo sabe sanarse a sí mismo. Quita la basura
negativa que lo estorba y ámalo. Proporciónale alimentos
y bebidas nutritivos. Mímalo. Respétalo. Créate una
atmósfera de salud y bienestar. Permítete sanar.*

Mi disposición a perdonar inicia mi proceso de curación. Permito que el amor de mi corazón me bañe, me limpie y cure todas las partes de mi cuerpo. Sé que merezco sanar.

2 Confío en mi sabiduría interior

*Hay un lugar dentro de cada uno de nosotros que está
totalmente conectado con la infinita sabiduría del
Universo. En este lugar están todas las respuestas a todas
las preguntas que podemos plantearnos. Aprende a
confiar en tu yo interior.*

Mientras me ocupo de mis asuntos cotidianos, escucho a mi guía. Mi intuición está de mi parte, me acompaña siempre. Sé que estará ahí en todo momento. Estoy a salvo.

3 Me dispongo a perdonar

*Si nos quedamos en una prisión de rencor justiciero, no
podremos ser libres. Aunque no sepamos cómo perdonar,*

podemos estar dispuestos a hacerlo. El Universo responderá a nuestra disposición y nos ayudará a encontrar la manera.

Perdonarme y perdonar a los demás me libera del pasado. El perdón es la respuesta a casi todos los problemas. Es un regalo que me hago. Me perdono y me dejo en libertad.

4   Todo lo que hago me satisface profundamente

Nunca vamos a tener la oportunidad de volver a vivir este día, de modo que hemos de saborear todos y cada uno de los momentos. Hay riqueza y plenitud en todo lo que hacemos.

Cada momento del día tiene algo especial para mí, mientras sigo mis instintos superiores y escucho a mi corazón. Estoy en paz con mi mundo y con mis asuntos.

5   Confío en el proceso de la Vida

Estamos aprendiendo cómo funciona la Vida. Es como aprender a utilizar el ordenador. Cuando compramos nuestro primer ordenador, aprendemos los procesos básicos: cómo se enciende, cómo se apaga, cómo se inicia y cómo se termina un documento, cómo se imprime. Y nos quedamos admirados de las maravillas que hace el ordenador. Sin embargo, vemos que es mucho más lo que puede hacer cuando aprendemos más cosas sobre su funcionamiento. Lo mismo ocurre con la Vida. Cuanto más aprendemos de su funcionamiento, más maravillas realiza para nosotros.

La vida tiene un ritmo y un flujo, y yo formo parte de ella. La vida me sustenta y me proporciona sólo experiencias buenas y positivas. Sé que el proceso de la Vida me procura mi mayor bien.

6 Tengo el espacio vital perfecto

Nuestra casa es siempre una imagen exterior de nuestro actual estado de conciencia. Si odiamos el lugar donde vivimos, no importa a dónde nos mudemos, porque acabaremos odiando esa casa también. Bendice tu vivienda actual con amor. Agradécele que provea a tus necesidades. Dile que te vas a mudar y que otras personas maravillosas van a venir a ocupar tu lugar. Deja amor cuando te marches y sentirás el amor en tu nueva casa. Antes de encontrar el lugar donde vivo ahora, decidí que deseaba comprar una casa a personas que amaran. Desde luego, eso es exactamente lo que encontré. Mi casa está llena de vibraciones de amor.

Me veo viviendo en una casa preciosa. Satisface todas mis necesidades y deseos. Está situada en un lugar hermoso y tiene un precio que puedo pagar fácilmente.

7 Puedo liberar el pasado y perdonar a todo el mundo

Tal vez no queramos olvidar viejos agravios, pero aferrarnos a ellos nos mantiene estancados. Cuando dejo atrás mi pasado, mi momento presente se vuelve más rico y pleno.

Me libero y libero a todas las personas de mi vida

de los agravios del pasado. Son libres y yo también lo soy para vivir nuevas y magníficas experiencias.

8 El poder está siempre en el momento presente

Aunque haga mucho tiempo que tenemos un problema, siempre podemos comenzar a cambiar en este momento. Porque cuando cambiamos nuestra manera de pensar, también cambia nuestra Vida.

El pasado ha pasado y se ha acabado, y no tiene ningún poder sobre mí. Puedo comenzar a ser libre en este momento. Los pensamientos de hoy crean mi futuro. Estoy al mando; recupero mi poder. Estoy a salvo y soy libre.

9 Estoy a salvo, sólo es un cambio

Lo que creemos se convierte en realidad. Cuanto más confiamos en la vida, más nos apoya.

Cruzo todos los puentes con alegría y soltura. Lo «viejo» se convierte en experiencias nuevas y maravillosas. Mi Vida mejora constantemente.

10 Me dispongo a cambiar

Todos deseamos que la Vida y los demás cambien. Pero nada va a cambiar en nuestro mundo mientras no estemos dispuestos a hacer cambios en nosotros mismos. Muchas veces nos aferramos con fuerza a hábitos y creencias que ya no nos sirven de modo positivo.

Me dispongo a dejar marchar las viejas creencias negativas. Sólo son pensamientos que me estorban. Mis nuevos pensamientos son positivos y satisfactorios.

11 Es sólo un pensamiento, y los pensamientos se pueden cambiar

Las posibilidades más terribles que nos podemos imaginar sólo son pensamientos. Con facilidad podemos negarnos a asustarnos de esa manera. Nuestros pensamientos han de ser nuestros mejores amigos, pensamientos que nos configuren nuestro mundo de manera positiva. Pensamientos consoladores, agradables, amorosos, amistosos, pensamientos risueños. Pensamientos sabios e inspirados.

Ningún pensamiento del pasado me limita. Elijo con atención mis pensamientos. Constantemente tengo nuevas intuiciones y nuevas maneras de ver mi mundo. Me dispongo a cambiar y crecer.

12 Cada pensamiento que tengo está creando mi futuro

Siempre soy consciente de mis pensamientos. Soy como un pastor de un rebaño de ovejas; si una se despista y se va por su cuenta, con amor la hago volver con las demás. Si advierto en mi mente un pensamiento poco compasivo, nada amable, rápidamente lo reemplazo por uno compasivo y amable. El Universo siempre escucha mis pensamientos y responde a ellos, y yo los mantengo tan limpios y claros como puedo.

El Universo apoya todos y cada uno de los pensamientos que elijo tener y creer. En cuanto a lo que puedo pensar, mis opciones son ilimitadas. Elijo el equilibrio, la armonía y la paz, y los expreso en mi vida.

13 Nadie es culpable

Si nos ponemos en la piel de otra persona, comprendemos por qué se comporta de la manera como lo hace. Todos hemos sido hermosos bebés, totalmente abiertos, con confianza en la Vida, mucha autoestima y una sensación de valía personal. Si no somos así ahora, es porque en algún lugar del camino alguien nos enseñó a ser de otra manera. Podemos desaprender la negatividad.

Dejo marchar la necesidad de culpar a los demás y de culparme a mí. Todos hacemos lo mejor que podemos con el entendimiento, el conocimiento y percepción que tenemos.

14 Dejo marchar todas las expectativas

Si no tenemos expectativas concretas no podemos tener decepciones. Si nos amamos y sabemos que sólo nos esperan cosas buenas, no importa qué venga, porque será bueno y gratificante.

Fluyo con la Vida, libre y amorosamente. Me amo. Sé que en cada recodo del camino sólo me espera lo bueno.

15 Veo las cosas con claridad

La mala disposición a «ver» ciertos aspectos de nuestra vida puede nublarnos la vista. Suele ser una forma de protegernos. Los ópticos hacen poco para curar los problemas de la vista; sólo recetan lentes cada vez con más aumentos. La mala alimentación también contribuye a empeorar la visión.

Dejo marchar todas las cosas de mi pasado que

me nublan la vista. Veo la perfección de toda la Vida. Perdono de buena gana; envío amor hacia mi vista y veo las cosas con comprensión y compasión. Mi clara percepción interior se refleja en mi vista.

16 Estoy a salvo en el Universo y la Vida me ama y me apoya

Llevo esta afirmación en mi monedero. Siempre que saco dinero de él leo: «Estoy a salvo en el Universo, y la Vida me ama y me apoya». Es un buen recordatorio de lo que es verdaderamente importante en mi Vida.

Inspiro la plenitud y riqueza de la Vida. Con alegría observo cómo la Vida me apoya abundantemente y me proporciona más bienes de los que puedo imaginar.

17 Mi Vida es un espejo

Todas las personas de mi Vida son reflejos de una parte de mí. Los seres que amo reflejan mis aspectos amorosos. Las personas que me caen mal reflejan esas partes mías que necesitan curación. Todas las experiencias de la Vida son oportunidades para crecer y sanar.

Las personas de mi Vida son verdaderos reflejos míos, y me brindan la oportunidad de crecer y cambiar.

18 Equilibro mi parte masculina y mi parte femenina

Todos tenemos una parte masculina y otra femenina. Cuando están equilibradas, estamos sanos y completos.

*El hombre totalmente macho no está conectado con su
lado intuitivo. Y una mujer débil y frágil no expresa su
lado fuerte e inteligente. Todos necesitamos ambas
partes, la masculina y la femenina.*

Mi parte masculina y mi parte femenina están en
perfecto equilibrio y armonía. Estoy en paz y todo
está bien.

19 La libertad es mi derecho divino

*En este planeta, disponemos de una total libertad de
elección. Y nuestras elecciones las hacemos en la mente.
Ninguna persona, ningún lugar ni ninguna cosa puede
pensar por nosotros si no lo permitimos. Sólo uno mismo
puede pensar en su mente. En nuestra mente tenemos
libertad absoluta. Lo que elegimos pensar y creer puede
cambiar nuestras circunstancias actuales hasta hacerlas
irreconocibles.*

Soy libre de tener pensamientos maravillosos. Supero las limitaciones del pasado y penetro en la libertad. Me estoy convirtiendo en todo aquello para lo
cual se me creó.

20 Dejo marchar todos los miedos y dudas

*Los miedos y las dudas sólo son mecanismos de retraso
que nos impiden tener lo bueno que decimos desear en
nuestras vidas. Dejemos que se vayan.*

Ahora elijo liberarme de todos mis miedos y
dudas destructivos. Me acepto y creo paz en mi
mente y mi corazón. Soy una persona amada y estoy
a salvo.

21 La Sabiduría Divina me guía

Son muchas las personas que no saben que en nuestro interior tenemos una sabiduría que siempre está de nuestra parte. No prestamos atención a nuestra intuición y después nos preguntamos por qué la Vida no nos funciona bien. Aprende a escuchar tu voz interior. Sabes exactamente lo que te conviene hacer.

Durante todo el día se me guía para que tome las decisiones correctas. La Inteligencia Divina me guía continuamente en la consecución de mis objetivos. Estoy a salvo.

22 Amo la vida

Todas las mañanas al despertar sé que ese día va a ser fabuloso, un día que nunca he vivido antes y que tendrá sus experiencias especiales. Me siento feliz de vivir.

Tengo el derecho de vivir plena y libremente. Doy a la Vida exactamente lo que deseo que la Vida me dé a mí. Me siento feliz de vivir. ¡Amo la Vida!

23 Amo mi cuerpo

Me encanta vivir en mi maravilloso cuerpo. Se me ha dado para que lo use toda mi Vida; lo quiero y cuido amorosamente de él. Mi cuerpo es algo precioso para mí. Amo todas sus partes, por dentro y por fuera, las que veo y las que no veo, todos los órganos, glándulas, músculos y huesos, todas y cada una de sus células. Mi cuerpo responde a esta amorosa atención dándome una salud y una vitalidad vibrantes.

Creo paz en mi mente, y mi cuerpo la refleja con una salud perfecta.

24 Convierto todas mis experiencias en oportunidades

Cuando tengo algún problema, y todos los tenemos, inmediatamente digo: «Sólo algo bueno va a resultar de esta situación, que se resuelve para el mayor bien de todas las personas implicadas. Todo está bien y estoy a salvo». Repito esta afirmación una y otra vez. Eso me mantiene en calma y permite al Universo encontrar la mejor solución. Muchas veces me sorprende comprobar la rapidez con que se soluciona el problema, de un modo que beneficia a todo el mundo.

Todo problema tiene una solución. Todas mis experiencias son oportunidades para aprender y crecer. Estoy a salvo.

25 Estoy en paz

En lo más profundo de mi ser hay un manantial infinito de paz, semejante a un lago de montaña profundo y sereno. Nadie, ni ningún caos exterior pueden tocarme cuando estoy en ese lugar. En ese sitio estoy en calma, pienso con claridad y recibo ideas divinas. Allí estoy en paz.

La paz y la armonía divinas me rodean y viven dentro de mí. Siento tolerancia, comprensión, compasión y amor por todas las personas, incluyéndome a mí.

26 Soy una persona flexible

La Vida es una serie de cambios. Las personas rígidas e inflexibles en su manera de pensar a menudo se rompen cuando soplan los vientos del cambio. Pero las que son como el sauce se doblan con facilidad y se adaptan a los cambios. Si nos negamos a cambiar, entonces la Vida pasará junto a nosotros y nos quedaremos atrás. Así como un cuerpo flexible es más cómodo para vivir en él, así también una mente flexible es más cómoda para vivir en ella.

Me abro a lo nuevo y cambiante. Cada momento me ofrece una nueva y maravillosa oportunidad de ser más quien soy. Fluyo con la Vida fácilmente y sin esfuerzo.

27 Ahora supero los miedos y limitaciones de otras personas

No soy los miedos y limitaciones de mi madre ni los de mi padre, ni soy tampoco mis propios miedos y limitaciones. Son sólo falsos pensamientos que hasta ahora he llevado en mi mente. Los puedo borrar con la misma facilidad con que limpio los cristales sucios de una ventana. Cuando la ventana de mi mente está limpia, puedo ver con claridad los pensamientos negativos tal como son y puedo elegir eliminarlos.

Es «mi» propia mente la que crea mis experiencias. Mi capacidad para crear lo bueno en mi Vida es ilimitada.

28 Soy un ser digno de amor

A muchos de nosotros se nos enseñó el amor condicional. Por lo tanto, creemos que necesitamos ganarnos el amor. Pensamos que no somos dignos de que nos amen si no tenemos un trabajo fabuloso, una buena relación de

*pareja o un cuerpo perfecto. Eso es una tontería. No
tenemos necesidad de ganarnos el aire que respiramos;
Dios nos lo da porque existimos. De igual modo, tenemos
el derecho de amar y ser amados. Somos dignos de amor
por el simple hecho de existir.*

No tengo por qué ganarme el amor. Merezco que
me amen porque existo. Los demás reflejan el amor
que siento por mí.

29 Mis pensamientos son creativos

*He aprendido a amar mis pensamientos; son mis mejores
amigos.*

A todo pensamiento negativo que me venga a la
mente le digo: «¡Fuera!». Ninguna persona, ningún
lugar ni ninguna cosa tiene poder sobre mí, porque
sólo yo pienso en mi mente. Yo me creo mi propia
realidad y a todos los que están en ella.

30 Estoy en paz con mi sexualidad

*Creo que en mis muchas vidas he experimentado todos
los tipos de sexualidad. He sido hombre y mujer,
heterosexual y homosexual. A veces la sociedad ha
aprobado mi sexualidad, otras veces no. Mi sexualidad
siempre ha sido una experiencia de aprendizaje, y
también lo es en esta vida. Pero sé que mi alma no tiene
sexualidad.*

Soy una persona afortunada por mi sexualidad y
mi cuerpo. Mi cuerpo es el perfecto para mí en esta
vida. Me abrazo con amor, comprensión y compasión.

31   Estoy en paz con mi edad

Para mí siempre es ahora. Sí, los años se van sumando a medida que pasa el tiempo. Pero yo me siento tan joven como elija sentirme. Hay personas de 20 años que son viejas, y hay personas de 90 que son jóvenes. Sé que vine a este planeta a experimentar todas las edades y que todas son buenas. Cada edad da paso a la siguiente con la facilidad que yo le permita. Conservo mi mente sana y feliz, y mi cuerpo sigue su ejemplo. Estoy en paz con la edad que tengo, y espero con ilusión mis mejores años.

Cada edad tiene sus alegrías y experiencias especiales. Siempre estoy en la edad perfecta para el momento de la Vida en que me encuentro.

32   El pasado ya pasó

No puedo retroceder en el tiempo, excepto en la mente. Puedo elegir revivir el ayer si lo deseo. Pero eso me roba momentos preciosos de hoy, momentos que una vez que pasan no se pueden recuperar. De modo que dejo atrás el ayer y vuelvo toda mi atención al momento presente. Este es mi momento especial, y lo disfruto.

Este es un nuevo día, un día que nunca he vivido antes. Vivo en el Ahora y disfruto de cada momento.

33   Dejo marchar toda crítica

Las personas farisaicas y criticonas sienten mucho odio por sí mismas. Debido a que se niegan a cambiar, apuntan con un dedo acusador a todos los demás. Ven el mal en todo. Dado que son tan críticas, se atraen cosas para criticar. Una de las decisiones más importantes que podemos tomar es liberarnos totalmente de la crítica. Dejemos de criticar a los demás y, sobre todo, dejemos de criticarnos a nosotros mismos. Siempre tenemos la opción de pensar con cariño, de tener pensamientos bondadosos, o al menos neutros. Cuantos más pensamientos amables y cariñosos tengamos, más bondad y amor atraeremos a nuestra Vida.

Sólo doy lo que deseo recibir. Amo y acepto a los demás, y en todo momento recibo lo mismo a cambio.

34 Estoy dispuesta a dejar marchar

Sé que cada persona tiene en su interior una guía y una sabiduría divinas, de modo que no tengo por qué dirigirle la vida a nadie. No estoy aquí para controlar a los demás, sino para sanar mi Vida. Las personas entran en mi Vida en el momento adecuado, compartimos el tiempo que estamos destinadas a pasar juntas, y después, en el momento adecuado, se marchan. Las dejo marchar con amor.

Libero a los demás para que experimenten lo que tenga sentido para ellos, y soy libre de crearme aquello que tiene sentido para mí.

35 Veo a mis padres como niños pequeños que necesitan amor

Cuando tenemos problemas con nuestros padres, muchas veces olvidamos que ellos también fueron bebés inocentes. ¿Quién les enseñó a hacer daño? ¿Cómo podemos ayudarlos a curar su dolor? Todos necesitamos amor y curación.

Siento compasión por la infancia de mis padres. Sé que yo los escogí porque eran perfectos para lo que tenía que aprender. Los perdono y los libero, y así me libero yo.

36 Mi casa es un refugio de paz

Las casas que son amadas y apreciadas irradian ese amor. Aunque vayas a vivir poco tiempo en un lugar, procura poner amor en todas las habitaciones. Si tienes garaje, pon amor en él también y tenlo limpio y ordenado. Cuelga un cuadro o coloca algún otro objeto hermoso en él, de modo que tan pronto como llegues a casa, te reciba la belleza.

Bendigo mi casa con amor. Pongo amor en cada rincón y mi casa responde amorosamente con calidez y comodidad. Estoy en paz.

37 Cuando digo «Sí» a la Vida, la Vida me dice «Sí» a mí

La Vida siempre te ha dicho «Sí», incluso cuando te creabas experiencias negativas. Ahora que conoces esta ley de la Vida, puedes elegir crearte un futuro positivo.

La Vida refleja todos mis pensamientos. Cuando son positivos, la Vida sólo me brinda experiencias positivas.

38 Hay abundancia para todos, incluyéndome a mí

Hay tal cantidad de alimentos en el planeta que podríamos alimentarnos todos. Sí, hay personas que se mueren de hambre, pero no es la falta de alimentos sino la falta de amor lo que permite que esto ocurra. Hay muchísimo dinero y riqueza en el mundo, más de lo que nos imaginamos. Si todo se distribuyera equitativamente, más o menos en un mes, los que tenían dinero tendrían más y los que eran pobres ahora volverían a serlo. Porque la riqueza tiene que ver con la conciencia y la sensación de merecimiento. Hay miles de millones de personas en este planeta, y sin embargo hay personas que dicen que están solas. Si no tendemos la mano, el amor no nos podrá encontrar. Así pues, cuando afirmo mi valía y merecimiento, lo que necesito viene a mí en el momento y el lugar perfectos.

El Océano de la Vida es generoso con su abundancia. Todas mis necesidades y deseos son satisfechos antes de que lo pida. Mi bien me viene de todas partes, de todas las personas y de todas las cosas.

39 Todo está bien en mi mundo

Mi Vida siempre ha funcionado perfectamente, sólo que yo no lo sabía. No sabía que todos los acontecimientos negativos de mi mundo se debían a que la Vida reflejaba mis creencias. Ahora que lo sé, puedo programar conscientemente mis procesos de pensamiento para tener una Vida que funcione bien en todos los aspectos.

Todo funciona bien en mi Vida, ahora y siempre.

40 Mi trabajo es profundamente satisfactorio

Cuando aprendemos a amar lo que hacemos, la Vida se encarga de que siempre tengamos ocupaciones interesantes y creativas. Cuando estamos preparados mental y

emocionalmente para el siguiente paso en la Vida, la Vida
nos mueve a darlo. Hoy dale a la Vida lo mejor de ti.

Hago lo que me gusta y me gusta lo que hago. Sé que siempre estoy trabajando en el lugar que me conviene y con las personas adecuadas, y que aprendo todas las valiosas lecciones que mi alma necesita aprender.

41 La Vida me apoya

Cuando cumples las leyes de la Vida, la Vida te apoya en
abundancia.

La vida me creó para que llegara a la plenitud. Confío en la Vida, y la Vida está siempre conmigo en todo lugar y momento. Estoy a salvo.

42 Mi futuro es magnífico

Nuestro futuro está siempre presente en nuestros
pensamientos actuales. Lo que pensamos y decimos en
este momento está creando nuestro futuro. Así pues, ten
magníficos pensamientos y tendrás un futuro magnífico.

Vivo en el amor, la luz y la alegría sin límites. Todo está bien en mi mundo.

43 Abro nuevas puertas a la Vida

En el corredor de la Vida hay puertas por todos lados.
Cada una conduce a una nueva experiencia. Cuanto más
elimino de mi mente los pensamientos negativos,
más puertas encuentro que conducen solamente a
experiencias positivas. Mi claridad de pensamiento me
brinda lo mejor que ofrece la Vida.

Disfruto de lo que tengo y sé que siempre me aguardan nuevas experiencias. Las recibo con los brazos abiertos. Confío en que la Vida es maravillosa.

44 *Afirmo mi poder y con amor me creo mi realidad*

Nadie lo puede hacer por ti; sólo tú puedes hacer declaraciones en tu mente. Si cedes tu poder a otros, te quedas sin él. Cuando afirmas tu poder, es tuyo. Úsalo juiciosamente.

Pido más entendimiento para configurar con conocimiento y amor mi mundo y mis experiencias.

45 *Ahora me creo un maravilloso nuevo trabajo*

Bendice con amor tu trabajo actual, y libéralo con amor para la siguiente persona que ocupe tu lugar, sabiendo que estás entrando en un nuevo nivel de la Vida. Mantén claras y positivas tus afirmaciones para el nuevo puesto. Has de saber que te mereces lo mejor.

Me abro totalmente para recibir un puesto nuevo y maravilloso, en el que pueda usar mis talentos y mi creatividad trabajando con y para personas que quiero, en un sitio fabuloso y teniendo buenos ingresos.

46 *Todo lo que toco es un éxito*

Siempre podemos escoger entre una mentalidad de pobreza y una mentalidad de prosperidad. Cuando tenemos pensamientos de carencia y limitación, entonces eso es lo que experimentamos. No hay manera de ser prósperos si nuestros pensamientos son de pobreza. Para

triunfar es necesario tener constantemente pensamientos
de prosperidad y abundancia.

Ahora me creo una nueva conciencia de éxito. Sé
que puedo tener tanto éxito como quiera. Entro en el
Círculo de los Triunfadores. En todas partes se me
ofrecen excelentes oportunidades. Atraigo todo tipo
de prosperidad.

47 Me abro para recibir nuevas vías de ingresos

Cuando nos abrimos, la Vida encuentra maneras de
proporcionarnos ingresos. Cuando sabemos y afirmamos
que nos merecemos todo lo bueno, la fuente única e infinita
abre nuevos canales. Muchas veces limitamos nuestro bien
al creer en ingresos fijos y otras ideas cerradas. Al abrir
nuestra conciencia, abrimos los bancos del cielo.

Ahora recibo mi bien de fuentes esperadas e ines-
peradas. Soy un ser ilimitado que recibe su bien de una
fuente ilimitada y de maneras ilimitadas. Recibo bendiciones que superan mis más acariciados sueños.

48 Me merezco lo mejor y ahora lo acepto

Lo único que nos impide tener lo bueno en nuestra Vida
es que creemos que no nos lo merecemos. En algún
momento de la infancia aprendimos que no nos
merecíamos algo, y nos lo creímos. Ahora es el momento
de dejar marchar esa creencia.

Mental y emocionalmente tengo lo necesario para
gozar de una Vida próspera y llena de amor. Por el
simple hecho de haber nacido, me merezco todo lo
bueno. Reclamo y afirmo mi bien.

49 La Vida es fácil y sencilla

Las leyes de la Vida son simples, demasiado para muchas personas que desean esforzarse y complicar las cosas. Lo que damos nos llega de vuelta. Lo que creemos de nosotros mismos y de la Vida se convierte en realidad. Es así de sencillo.

Todo lo que necesito saber en cualquier momento dado se me revela. Confío en mí y en la Vida. Todo está bien.

50 Soy totalmente capaz en todas las situaciones

Has de saber que eres muchísimo más de lo que piensas. Gozas de la protección divina. Estás en conexión con la sabiduría infinita. Jamás estás solo o sola. Tienes todo lo que necesitas. Evidentemente eres una persona capaz en todas las situaciones.

Formo una unidad con el poder y la sabiduría del Universo. Reclamo y afirmo ese poder y me resulta fácil defenderme y hacerme valer.

51 Escucho con amor los mensajes de mi cuerpo

A la primera señal del más ligero mal-estar en tu cuerpo, en lugar de dar dinero a las empresas farmacéuticas, siéntate, cierra los ojos, haz tres respiraciones profundas, entra en tu interior y pregunta: «¿Qué es lo que necesito saber?». Porque tu cuerpo está tratando de decirte algo. Si te precipitas al botiquín, lo que le dices en realidad a tu cuerpo es: «¡Cállate!». Por favor, escucha a tu cuerpo; te ama.

Mi cuerpo está siempre trabajando para tener una

salud óptima. Mi cuerpo desea estar sano y entero. Yo colaboro con él y me convierto en una persona sana, entera y completa.

52 Expreso mi creatividad

Todos tenemos una especial creatividad en nuestro interior. Es un acto de amor por nosotros mismos dedicar tiempo a expresar esa creatividad, sea cual sea. Si creemos que estamos demasiado ocupados para tomarnos ese tiempo, nos perdemos una parte muy gratificante de nosotros mismos.

Mis talentos creativos, únicos y especiales, circulan por mí y se expresan de maneras muy satisfactorias. Mi creatividad siempre es bastante solicitada.

53 Estoy en un proceso de cambio positivo

Siempre estamos en proceso de cambio. Yo solía hacer muchos cambios negativos; ahora que he aprendido a dejar marchar los hábitos viejos y gastados, mis cambios son positivos.

Me estoy abriendo de maneras muy satisfactorias. Sólo puedo atraer lo bueno. Ahora expreso salud, felicidad, prosperidad y paz mental.

54 Soy un ser único y acepto mi unicidad

No hay dos copos de nieve iguales ni dos margaritas iguales. Cada persona es una joya excepcional, con dotes y capacidades únicas. Nos limitamos cuando tratamos de ser como otra persona. Disfruta de tu unicidad.

La competitividad y las comparaciones no tienen

sentido, porque todos somos diferentes y así es como hemos de ser. Soy una persona especial y maravillosa. Me amo.

55 Todas mis relaciones son armoniosas

En todo momento sólo veo armonía a mi alrededor. Con gusto contribuyo a crear la armonía que deseo. Mi Vida es una alegría.

Cuando creamos armonía en nuestra mente y nuestro corazón, la encontramos en nuestra vida. Lo interior crea lo exterior, siempre.

56 Estoy a salvo cuando miro hacia dentro

Muchas veces nos asusta mirar nuestro interior porque pensamos que encontraremos a un ser terrible. Pero a pesar de lo que nos hayan dicho, lo que encontraremos es un hermoso niño que ansía nuestro amor.

Avanzo a través de las opiniones y creencias de otras personas, y veo en mi interior a un ser magnífico, sabio y hermoso. Amo lo que veo en mí.

57 Adondequiera que vaya encuentro amor

Lo que damos vuelve a nosotros, multiplicado. La mejor manera de recibir amor es darlo. El amor puede significar aceptación y apoyo, consuelo y compasión, bondad y amabilidad.

El amor está en todas partes y yo soy una persona que ama y merece ser amada. Amar a la gente llena mi Vida y me resulta fácil expresar amor a los demás.

58 Amar a los demás es fácil cuando me amo y me acepto

No podemos amar verdaderamente a otras personas mientras no nos amemos a nosotros mismos. De otra manera, lo que llamamos amor es en realidad codependencia, adicción o necesidad. Nadie puede amarte si no te amas. Siempre estarás diciendo cosas como: «¿Me quieres de verdad?». Y no hay manera de que puedas satisfacer a otra persona que no se ama a sí misma. Siempre habrá silencios malhumorados y celos. Aprende a amarte y tendrás una Vida llena de amor.

Mi corazón está abierto, y dejo fluir libremente el amor. Me amo. Amo a los demás, y los demás me aman.

59 Soy un ser hermoso y todo el mundo me ama

Uso mucho esta afirmación cuando voy caminando por la calle. Aunque la diga interiormente, es maravilloso ver cuántas personas me responden con una sonrisa. Prueba a hacerla. Esta afirmación puede hacerte muy feliz el día cuando sales a la calle.

Irradio aceptación, y los demás me aman profundamente. El amor me rodea y me protege.

60 Me amo y me apruebo

De la aceptación de nosotros mismos sólo resultan cosas buenas. No estamos hablando de vanidad u orgullo, porque esas sólo son expresiones de miedo. Amarnos a nosotros mismos significa amar y valorar el milagro que somos. *Eres una persona valiosa y digna de amor. ¡Ámate por ser tú!*

Valoro todo lo que hago. Valgo simplemente porque existo. Me hago valer; pido lo que deseo. Reclamo y afirmo mi poder.

61 Soy una persona decidida

Estoy a salvo cuando tomo decisiones. Las tomo con autoridad. Si una decisión resulta ser mala, entonces tomo otra. Aprende a volverte hacia tu interior y haz una corta meditación cuando necesites una solución. Tienes todas las respuestas dentro de ti. Entra con frecuencia en tu interior y tendrás una buena y sólida conexión con tu sabiduría interna

Confío en mi sabiduría interior y tomo decisiones con facilidad.

62 Siempre estoy a salvo cuando viajo

Tú te creas tu conciencia de seguridad y, por supuesto, ésta va contigo a todas partes, sea cual sea el medio de transporte que uses.

Sea cual sea el medio de transporte que elija, siempre estoy a salvo.

63 Mi nivel de comprensión está en constante crecimiento

Cuanto más comprendemos la Vida, más experimentamos sus maravillas. Las personas con una Vida limitada tienen un entendimiento muy limitado. Ven las cosas en blanco y negro, en forma de sí o no, y generalmente las mueve el miedo o la culpa. Permite que tu comprensión crezca y tendrás una visión más amplia y compasiva de la Vida.

Cada día pido a mi Yo Superior la capacidad de profundizar mi comprensión de la Vida y que me lleve más allá del juicio y el prejuicio.

64 *Ahora acepto a la pareja perfecta para mí*

Escribe todas las cualidades que deseas en tu pareja ideal y después repásalas para ver si tú expresas esas cualidades. Tal vez necesites hacer ciertos cambios interiores para que pueda entrar en tu vida la persona adecuada.

El Amor Divino me conduce hacia una relación amorosa con mi pareja perfecta, y me mantiene en ella.

65 *La seguridad es mía, ahora y para siempre*

Nuestras creencias siempre se manifiestan en nuestras experiencias. Cuando nos creamos seguridad en nuestra mente, la encontramos en nuestro mundo. Las afirmaciones positivas nos crean una Vida positiva.

Todo lo que tengo y todo lo que soy está a salvo. Vivo y me muevo en un mundo seguro. Estoy a salvo.

66 *El mundo está en proceso de curación*

Cada uno de nosotros contribuye constantemente al caos o a la paz en el mundo. Todo pensamiento hostil, negativo, temeroso, crítico o que implique prejuicios contribuye a crear una atmósfera que produce terremotos, inundaciones, sequías, guerras y otros desastres. *Por su parte, todo pensamiento amoroso, amable, pacífico, que ayude o apoye, contribuye a crear una atmósfera que produce bienestar y curación para todos. ¿Qué tipo de mundo quieres ayudar a crear?*

Cada día visualizo nuestro mundo en paz, completo y curado. Veo a cada persona bien alimentada, vestida y con hogar.

67 Bendigo con amor al Gobierno

Nuestra creencia en un Gobierno negativo produce precisamente eso. Haz afirmaciones positivas para nuestro Gobierno cada día.

Afirmo que cada miembro del Gobierno es afectuoso, honesto, honrado, y trabaja verdaderamente por el bien de todos los ciudadanos.

68 Amo a mi familia

He visto a cientos de familias enemistadas reunirse amorosamente gracias a la repetición diaria de esta afirmación durante tres o cuatro meses. Cuando estamos enemistados con nuestros familiares, solemos enviarnos mutuamente mucha energía negativa. Esta afirmación hace que eso cese y deja espacio para que aflore el amor.

Tengo una familia amorosa, armoniosa, dichosa y sana; nuestra comunicación es excelente.

69 Mis hijos están divinamente protegidos

Cuando tememos por nuestros hijos, ellos suelen darnos motivos de preocupación. Es necesario que nuestros hijos se sientan libres y seguros en el ambiente con que los rodeamos. De modo que siempre haz afirmaciones positivas para tus hijos cuando estén lejos de ti.

La Divina Sabiduría reside en cada uno de mis hijos; son dichosos y están a salvo adondequiera que vayan.

70 Amo a todas las criaturas de Dios, a los animales grandes y pequeños

Cada criatura, todos los insectos, pájaros y peces tienen su lugar especial en la Vida. Son tan importantes como nosotros.

Me comunico con amor y facilidad con todos los seres vivos y sé que se merecen que los amemos y protejamos.

71 Me encanta tener la experiencia del nacimiento de mi bebé

Durante los nueve meses anteriores al nacimiento, habla y comunícate con tu bebé. Prepárate para la experiencia del parto de modo que sea fácil y cariñosa para ambos. Explícale el proceso del parto de la manera más positiva posible para que ambos colaboréis y os apoyéis. A los niños aún no nacidos les gusta que su madre les cante, y también les gusta la música.

El milagro del nacimiento es un proceso normal y natural, y paso por él con amor, facilidad y sin esfuerzo.

72 Amo a mi bebé

Creo que en el nivel del alma elegimos a nuestros padres y elegimos a nuestros hijos. Nuestros hijos han venido a

ser nuestros maestros. Es mucho lo que podemos
aprender de ellos. Pero lo más importante es el amor que
compartimos.

Mi bebé y yo tenemos una relación alegre, amorosa y apacible. Somos una familia feliz.

73 Mi cuerpo es ágil y flexible

*El hecho de conservar la mente ágil y flexible se refleja
en la agilidad y la flexibilidad de mi cuerpo. Lo único que
nos mantiene rígidos es el temor. Cuando de veras
sabemos que estamos divinamente protegidos y a salvo,
entonces podemos relajarnos y fluir con la Vida sin
esfuerzo. Procura incluir un rato de baile en tu horario
cotidiano.*

La energía sanadora circula constantemente por
todos mis órganos, articulaciones y células. Me
muevo con facilidad y sin esfuerzo.

74 Soy consciente

*Varias veces al día detente y di para ti: «Soy consciente».
Después haz una respiración profunda y advierte de
cuántas más cosas te vuelves consciente. Siempre hay
más para experimentar.*

Constantemente aumento mi conciencia de mi
ser, de mi cuerpo y de mi Vida. Tomar conciencia me
da poder para estar al mando.

75 Me gusta hacer ejercicio

*Espero vivir mucho tiempo y deseo correr, bailar y ser
flexible hasta mi último día. Mis huesos se fortalecen*

cuando hago ejercicio, y he descubierto muchísimas maneras diferentes de disfrutar con movimientos de todo tipo. Movernos nos mantiene en movimiento durante la Vida.

El ejercicio me sirve para conservarme joven y rebosante de salud. A mis músculos les encanta moverse. Soy una persona activa y llena de vida.

76 La prosperidad es mi derecho divino

Muchas personas se enfadan cuando escuchan decir por primera vez que «el dinero es lo más fácil de manifestar». Pero es verdad. De hecho es más fácil hacer un taller sobre la sexualidad que sobre el dinero. La gente se enfada muchísimo cuando se discuten sus creencias sobre el dinero. Las personas que más desean tener dinero son las que se aferran más fuertemente a las ideas y conductas limitadoras. ¿Cuál es tu creencia negativa sobre el dinero que te impide tenerlo?

Me merezco y acepto de buena gana una abundante corriente de prosperidad en mi Vida. Doy y recibo con alegría y amor.

77 Estoy en conexión con la Sabiduría Divina

Siempre hay una respuesta para cada pregunta, y una solución para cada problema. Jamás estamos perdidos, solos ni abandonados en la Vida, porque siempre tenemos con nosotros esa sabiduría infinita que nos guía. Aprende a confiar en ella y te sentirás a salvo toda tu Vida.

Cada día entro en mi interior para conectar con toda la sabiduría del Universo. Constantemente se me conduce y guía para mi mayor bien y mi máxima alegría.

78 Hoy miro la vida con nuevos ojos

Cuando vienen a visitarme personas de fuera de la ciudad, siempre me ayudan a ver mi mundo cotidiano con nuevos ojos. Creemos que lo hemos visto todo, y sin embargo no vemos muchas de las cosas que nos rodean. En mis meditaciones matinales pido ver y comprender más cosas en este día. Mi mundo es infinitamente más grande de lo que creo.

Me dispongo a ver la Vida de un modo nuevo y diferente, a fijarme en cosas en las que no me había fijado antes. Un mundo nuevo me espera.

79 Estoy al día

Dentro de todos y cada uno de nosotros está la inteligencia necesaria para entender y usar todas las nuevas y emocionantes maravillas electrónicas que llenan nuestra vida. Y si tenemos dificultad para programar nuestro aparato de vídeo u ordenador, lo único que tenemos que hacer es preguntarle a un niño. Todos los niños de hoy son expertos en electrónica. Tal como se ha dicho: «Y los niños los guiarán».

Me abro para recibir a lo nuevo en la Vida. Me dispongo a entender cómo funcionan los aparatos de vídeo, los ordenadores y otros maravillosos artilugios electrónicos.

80 Mantengo mi peso perfecto

La comida basura y la excesivamente suculenta contribuyen a nuestra mala salud y nuestros problemas de peso. Cuando queremos estar sanos y eliminamos de nuestra dieta la carne roja, los productos lácteos, la grasa y el azúcar, nuestro cuerpo automáticamente se queda en su peso perfecto. Los cuerpos intoxicados son gordos. Los cuerpos sanos mantienen el peso ideal. Así pues, cuando eliminamos los pensamientos tóxicos de nuestra mente, nuestro cuerpo reacciona creando salud, bienestar y belleza.

Mi mente y mi cuerpo están equilibrados y en armonía. Logro mantenerme en mi peso ideal con facilidad y sin esfuerzo.

81 Estoy en excelente forma

Hubo un tiempo en que todos comíamos alimentos naturales y sanos. Hoy tenemos que abrirnos camino por entre la comida basura y los productos procesados para encontrar alimentos sencillos y sanos. He descubierto que cuanto más simple es mi comida, más sana estoy. Da a tu cuerpo los alimentos que crecen y crecerás.

Cuido de mi cuerpo con amor. Como alimentos sanos y bebo bebidas sanas. Mi cuerpo responde estando en excelente forma todo el tiempo.

82 Mis animales están sanos y son felices

Me niego a darles comida basura o enlatada a mis seis preciosos animales. Sus cuerpos son tan importantes como el mío. Todos nos cuidamos bien.

Me comunico cariñosamente con mis animales, y ellos me hacen saber que son felices, mental y físicamente. Vivimos juntos con alegría. Estoy en armonía con toda la Vida.

83 *Tengo una habilidad natural para la jardinería*

Amo la tierra, y la tierra me ama. Hago todo lo que puedo por volverla rica y productiva.

Cada planta que toco con amor reacciona creciendo en todo su esplendor. Las plantas de mi casa son felices. Las flores están extraordinariamente hermosas. Las frutas y las verduras son abundantes y deliciosas. Estoy en armonía con la naturaleza.

84 *Este es un día de gran curación*

La mente que contribuye a crear la enfermedad es la misma que puede crear la salud. Las células de nuestro cuerpo reaccionan continuamente al ambiente mental de nuestro interior. Igual que las personas, trabajan mejor en un ambiente feliz y cariñoso. Así pues, llena de alegría tu Vida y serás una persona feliz y sana.

Conecto con las energías sanadoras del Universo para sanarme y sanar a todas las personas que me rodean y quieren ser sanadas. Sé que mi mente es un poderoso instrumento de curación.

85 *Amo y respeto a las personas mayores de mi vida*

La forma como tratamos a nuestros mayores ahora es la forma como seremos tratados cuando seamos mayores. Creo que nuestros años de vejez pueden ser nuestros mejores años, y que todos seremos Personas Mayores Eminentes, que viviremos nuestra vida con plenitud, y contribuiremos a crear salud y bienestar en nuestra sociedad.

Trato a las personas mayores que forman parte de mi Vida con el mayor cariño y respeto, porque sé que son sabias y una maravillosa fuente de conocimiento, experiencia y verdad.

86 Mi vehículo es un refugio seguro

Siempre envío amor a los conductores enfadados. Soy consciente de que no saben lo que se están haciendo a sí mismos. La cólera engendra más cólera. Hace mucho tiempo que dejé de enfadarme con los malos conductores. No voy a estropearme el día porque otra persona no sepa conducir. Bendigo mi coche con amor y envío amor por delante de mí en la carretera. Gracias a esto rara vez tengo a mi alrededor conductores enfadados; están ocupados dando problemas a otros conductores enfadados. Con amor comparto la carretera y casi siempre llego a tiempo, esté como esté el tráfico. Llevamos nuestra conciencia a todas partes; adondequiera que vayas, tu mente va contigo, y te atrae experiencias que están de acuerdo con ella.

Cuando conduzco, estoy totalmente a salvo, en calma y a gusto. Bendigo con amor a los demás conductores.

87 La música enriquece mi Vida

Todos bailamos a diferentes ritmos y nos gustan
diferentes tipos de música. Lo que inspira a una persona
puede resultar un ruido horrible para otra. Tengo una
amiga que les pone música de meditación a sus árboles,
y esa música vuelve locos a sus vecinos.

Lleno mi Vida de una música armoniosa y estimulante, música que enriquece mi cuerpo y mi alma. Las influencias creativas me rodean y me inspiran.

88 Sé acallar mis pensamientos

Un tiempo a solas para entrar en nuestro interior nos da
la oportunidad de renovar el espíritu y la orientación que
necesitamos.

Me merezco descansar en silencio cuando lo necesito, y me creo un espacio en mi Vida donde puedo ir a buscar lo que necesito. Estoy en paz con mis momentos de soledad.

89 Mi apariencia refleja mi amor por mí

Nuestra ropa, nuestro coche y nuestra casa reflejan cómo
nos sentimos con nosotros mismos. Una mente dispersa
va a producir objetos desparramados por todas partes.
Cuando ponemos paz y armonía en nuestros
pensamientos, automáticamente nuestra apariencia y
todas nuestras pertenencias se vuelven armoniosas
y agradables.

Me arreglo bien cada mañana y llevo ropa que refleje mi aprecio y amor por la Vida. Soy un ser hermoso por dentro y por fuera.

225

90 Tengo todo el tiempo del mundo

El tiempo se estira cuando necesito más, y se encoge cuando necesito menos. Es mi servidor y lo aprovecho juiciosamente. Aquí y ahora, en este momento, todo está bien.

Tengo mucho tiempo para cada tarea que necesito realizar hoy. Soy una persona poderosa porque elijo vivir en el Momento Presente.

91 Me tomo vacaciones del trabajo

Hacemos mejor nuestro trabajo cuando nos damos cortos periodos de descanso. Un descanso de cinco minutos cada dos horas agudiza nuestra mente. Así también, un periodo de vacaciones beneficia a la mente y al cuerpo. Los adictos al trabajo, que no descansan ni se divierten jamás, suelen ser personas muy nerviosas. Rara vez la gente se lo pasa bien con ellos. Nuestro niño o niña interior necesita jugar. Si no es feliz, tampoco lo somos nosotros.

Me programo vacaciones para descansar la mente y el cuerpo. Me mantengo dentro de mi presupuesto, a pesar de lo cual siempre me lo paso estupendamente. Vuelvo al trabajo con la mente y el cuerpo relajados y descansados.

92 Los niños me aman

Necesitamos comunicarnos con todas las generaciones. A las comunidades de jubilados les falta la risa de los niños. Comunicarnos con los niños nos mantiene jóvenes de corazón. A nuestro pequeño niño interior le gusta jugar con otros niños.

Los niños me aman y se sienten seguros conmigo.

Les permito ir y venir libremente. Mi yo adulto se siente valorado y estimulado por los niños.

93 Mis sueños son una fuente de sabiduría

Siempre me voy a dormir con pensamientos amorosos para preparar el terreno al trabajo que hago en mis sueños. Los pensamientos amorosos me traen respuestas amorosas.

Sé que muchos de los interrogantes que tengo acerca de la Vida pueden ser contestados mientras duermo. Recuerdo claramente mis sueños al despertar cada mañana.

94 Me rodeo de personas positivas

Cuando permitimos que personas negativas llenen nuestra vida, nos resulta mucho más difícil mantenernos positivos nosotros. Así pues, no te dejes arrastrar por los pensamientos negativos de otras personas. Elige con cuidado a tus amigos.

Mis amigos y parientes emanan amor y energía positiva y yo correspondo a esos sentimientos. Sé que puedo dejar marchar de mi Vida a aquellas personas que no me apoyan.

95 Llevo con amor mis asuntos económicos

Cada factura que pagas es una prueba de que alguien confió en tu capacidad para ganar dinero. Así pues, pon amor en tus transacciones económicas, incluidos tus impuestos. Considéralos como un alquiler que pagas al país.

Hago los cheques y pago las facturas con gratitud y amor. Siempre tengo dinero suficiente en mi cuenta corriente para emplear en las necesidades y los lujos de mi Vida.

96 Amo a mi niño interior

La comunicación diaria con nuestro niño interior, el pequeño o la pequeña que fuimos, contribuye a nuestro bienestar. Por lo menos una vez por semana toma a tu niño o niña interior de la mano y pasa un tiempo en su compañía. Haced algo especial juntos, cosas que te gustaba hacer en tu infancia.

Mi niño interior sabe jugar, amar y maravillarse. Cuando apoyo esta parte de mí, se abre la puerta de mi corazón, y mi Vida se enriquece.

97 Pido ayuda cuando la necesito

Pedid y recibiréis. El Universo está en sonriente reposo esperando mis peticiones.

Me resulta fácil pedir ayuda cuando la necesito. Me siento a salvo en medio del cambio sabiendo que es una ley natural de la Vida. Me abro para recibir el amor y el apoyo de los demás.

98 Las festividades son momentos de amor y alegría

Es maravilloso intercambiar regalos, pero lo es más aún el amor que se puede compartir con todas las personas con quienes nos vemos.

Celebrar festividades con mis familiares y amigos

es siempre una dicha. Siempre encontramos tiempo para reír y expresar gratitud por las muchas bendiciones de la Vida.

99 Soy paciente y amable con todas las personas con que me encuentro cada día

Trata de agradecer algo a todas las personas con las que te encuentres hoy. Te encantará lo mucho que eso significará para ellas. Recibirás más de lo que das.

Envío pensamientos de amor y amabilidad a los dependientes de las tiendas, camareros, guardias de tráfico y a todas las personas con quienes me encuentro durante el día. Todo está bien en mi mundo.

100 Soy una amiga comprensiva

Cuando se te acerca una persona amiga con un problema, eso no quiere decir necesariamente que quiera que se lo arregles. Probablemente lo único que desea es alguien que la escuche con comprensión y compasión. Una persona que sabe escuchar es una buena amiga.

Estoy en contacto con los pensamientos y emociones de los demás. Doy consejo y apoyo a mis amigos cuando me lo piden, y me limito a escuchar con amor cuando eso es lo adecuado.

101 Mi planeta es importante para mí

Amar la Tierra es algo que todos podemos hacer. Nuestra hermosa Tierra nos da todo lo que necesitamos, y es necesario que siempre la honremos y respetemos. Rezar una pequeña oración por la Tierra cada día es un acto de amor. La salud de este planeta es muy importante. Si no cuidamos nuestro planeta, ¿dónde viviremos?

Bendigo con amor este planeta. Nutro su vegetación. Soy amable con sus criaturas. Mantengo limpio el aire. Como alimentos naturales y uso productos naturales. Agradezco profundamente y valoro el hecho de vivir. Contribuyo a crear armonía, plenitud y curación. Sé que la paz comienza por mí. Amo mi Vida. Amo mi mundo.

¡Gracias por permitirme comunicarte algunas de mis ideas!

¡Y así es!

* * *

Lecturas recomendadas

Ali, Majid, *The Canary and Chronic Fatigue*.

Anderson-Ellis, Eugenia, *Aging Parents & You*.

Balch, James F. y Phyllis A., *Prescriptions for Nutritional Healing*.

Benson y Klipper, *The Relaxation Response*.

Bloomfield, Harold, y Robert K. Cooper, *The Power of 5*.

Blum, Jeanne Elizabeth, *Woman Heal Thyself: An Ancient Healing System for Contemporary Women*.

Borysenko, Joan, *Fire in the Soul*.

— *Minding the Body, Mending the Mind*.

Borysenko, Joan y Miroslav, *The Power of the Mind to Heal*.

Bradshaw, John, *Discovering the Child Within*. [Hay traducción al castellano: *Volver a casa: Recuperación y reivindicación del niño interno*, Libros del Comienzo, Madrid, 1994.]

Brinkley, Dannion, *Saved by the Light*. [Hay traducción al castellano: *Salvado por la luz*, Edaf, Madrid, 1995.]

Burton Goldberg Group, *Alternative Medicine, the Definitive Guide*.

Chopra, Deepak, *Ageless Body, Timeless Mind*. [Hay traducción al castellano: *Cuerpos sin edad, mentes sin tiempo*, Javier Vergara Editor, Buenos Aires y Madrid.]

Coney, Sandra, *The Menopause Industry: How the Medical Establishment Exploits Women.*

Costa, Tom, *Life! You Wanna Make Something of It?*

Davis, Phyllis K., *The Power of Touch.* [Hay traducción al castellano: *El poder del tacto: contacto físico en las relaciones humanas,* Paidós, Barcelona, 1993.]

Dean, Amy E., *Lifegoals.*

Diamond, Harvey y Marilyn, *Fit for Life.* [Hay traducción al castellano: *La antidieta,* Urano, Barcelona, 1988.]

Diamond, Marilyn, *Great American Cookbook.*

Dyer, Wayne W., *Everyday Wisdom.*

— *Real Magic.* [Hay traducción al castellano: *Tus zonas máginas,* Grijalbo, Barcelona, 1992.]

— *Staying on the Path.*

— *What Do You Really Want for Your Children?*

— *Your Sacred Self.*

Forer, Louis, *What Every Woman Needs to Know Before (and After) She Gets Involved with Men and Money.*

Foundation for Inner Peace, *The Course in Miracles.* [Hay traducción al castellano: *Un curso de milagros,* Foundation for Inner Peace, Glen Ellen, California, 1992.]

Frank, Viktor, *Man's Search for Meaning.*

Friedan, Betty, *The Fountain of Age.* [Hay traducción al castellano: *La fuente de la edad,* Planeta, Barcelona, 1994.]

Fuchs, Nan Kathryn, *My Mother Made Me Do It.*

Gawain, Shakti, *Creative Visualization* [Hay traducción al castellano: *Visualización creativa,* Sirio, Málaga, 1990.]

Ginot, Hiam, *Between Parent and Child.*

Holmes, Ernest, *The Science of Mind.*

Jampolsky, Gerald, *Love Is Letting Go of Fear.* [Hay traducción al castellano: *Amar es liberarse del miedo,* Libros del Comienzo, Madrid, 1994.]

Jeffers, Susan, *Feel the Fear and Do It Anyway*. [Hay traducción al castellano: *Aunque tenga miedo, hágalo igual*, Robin Book, Barcelona, 1993.]

— *Opening Our Hearts to Men*.

— *Thoughts of Power and Love*.

Johnson, Elizabeth A., *As Someone Dies*.

Keen, Julie, y Ione Jenson, *Women Alone: Creating a Joyous and Fulfilling Life*.

Keyes, Ken, *Handbook to Higher Consciousness*. [Hay traducción al castellano: *Hacia la expansión de la conciencia*, Edaf, Madrid, 1992.]

LeShan, Lawrence, *How to Meditate*. [Hay traducción al castellano: *Cómo meditar: guía para el descubrimiento de sí mismo*, Kairós, Barcelona, 1986.]

Mindell, Earl, *Parent's Nutrition Bible*.

Moody, Raymond, *Life After Life*. [Hay traducción al castellano: *Vida después de la vida*, Edaf, Madrid, 1984.]

Morgan, Marlo, *Mutant Message, Down Under*. [Hay traducción al castellano: *Voces del desierto*, Ediciones B, Barcelona, 1995.]

Norwood, Robin, *Women Who Love Too Much*. [Hay traducción al castellano: *Mujeres que aman demasiado*, Javier Vergara, Buenos Aires, 1986.]

Odom, Robert, *Your Companion to 12 Step Recovery*.

Peavy, William S., y Warren Peary, *Supernutrition Gardening*.

Peck, M. Scott, *The Road Less Traveled*. [Hay traducción al castellano: *La nueva psicología del amor*, Emecé, Buenos Aires y Barcelona.]

Perkins-Reed, Marcia, *When 9 to 5 Isn't Enough*.

Pollard III, John, *Self-Parenting*.

Rector-Page, Linda G., *Cooking for Healthy Healing*.

— *Healthy Healing, An Alternative Healing Reference*.

Redfield, James, *The Celestine Prophecy*. [Hay traducción al castellano: *Las nueve revelaciones*, Ediciones B, Barcelona, 1995.]

Rimpoché, Sogyal, *The Tibetan Book of Living and Dying*. [Hay traducción al castellano: *El libro tibetano de la vida y de la muerte*, Urano, Barcelona, 1994.]

Robbins, John, *Diet for a New America*.

Roberts, Jane, *The Nature of Personal Reality*.

Rusk, Tom, *Instead of Therapy: Help Yourself Change and Change the Help You're Getting*.

Scolastico, Ron, *The Earth Adventure: Your Soul's Journey Through Personal Reality*.

— *Healing the Heart, Healing the Body*.

Sheehy, Gail, *Passages*.[Hay traducción al castellano: *Las crisis de la edad adulta*, Grijalbo, Barcelona, 3.ª ed., 1987.]

Siegel, Bernie, *Love, Medicine, and Miracles*. [Hay traducción al castellano: *Amor, medicina milagrosa*, Espasa-Calpe, Madrid, 1988.]

— *Peace, Love, and Healing*. [Hay traducción al castellano: *Paz, amor y autocuración*, Urano, Barcelona, 1990.]

Sinetar, Marsha, *Do What You Love, the Money Will Follow*.

Steinem, Gloria, *Revolution from Within*.

Trafford, Angela Passidomo, *The Heroic Path: One Woman's Journey from Cancer to Self-Healing*.

Virtue, Doreen, *Constant Craving: What Your Food Cravings Mean and How to Overcome Them*.

— *Losing Your Pounds of Pain: Breaking the Link Between Abuse, Stress, and Overeating*.

Wegscheider-Cruse, Sharon, *Learning to Love Yourself*.

Weiss, Brian, *Many Lives, Many Masters*.

Williamson, Marianne, *A Return to Love*. [Hay traducción al castellano: *Volver al amor*, Urano, Barcelona, 1993.]

— *A Woman's Worth*. [Hay traducción al castellano: *El valor de lo femenino*, Urano, Barcelona, 1994.]

Worwood, Valeria Ann, *The Complete Book of Essential Oils & Aromatherapy*.

Yogananda, Paramahansa, *Autobiography of a Yogi*.

Cualquier libro de Emmet Fox o del doctor John McDonald.

También el programa en audiocasete de Barbara De Angelis, *Making Relationships Work*.

Hay Teachers

Personas formadas en el *Hay Teachers Training*, de San Diego, California:

María Rosa Casanovas - EQUIP
  Bailén, 92-94, entlo. 3.ª, 08009 Barcelona
  Tel.: (93) 265 00 18

Carina Casanovas
  Tel.: (93) 348 08 97